Arwed Blomeyer

E. T. A. Hoffmann als Jurist

SCHRIFTENREIHE
DER JURISTISCHEN GESELLSCHAFT e.V.
BERLIN

Heft 55

1978

DE GRUYTER · BERLIN · NEW YORK

E. T. A. Hoffmann als Jurist

Eine Würdigung zu seinem 200. Geburtstag

Von

Dr. jur. Arwed Blomeyer

Professor em. an der Freien Universität Berlin

Vortrag
gehalten am 23. Januar 1976

W
DE
G

1978

DE GRUYTER · BERLIN · NEW YORK

CIP-Kurztitelaufnahme der Deutschen Bibliothek

Blomeyer, Arwed

E. T. A. Hoffmann als Jurist : e. Würdigung zu
seinem 200. Geburtstag ; Vortrag gehalten am 23.
Januar 1976. — 1. Aufl. — Berlin, New York : de
Gruyter, 1978.

(Schriftenreihe der Juristischen Gesellschaft
e. V. Berlin ; H. 55)
ISBN 3-11-007735-3

Satz und Druck: Saladruck, 1000 Berlin 36
Buchbindearbeiten: Berliner Buchbinderei Wübben & Co., 1000 Berlin 42

Ernst Theodor Amadeus Hoffmann, dessen 200. Geburtstag wir heute festlich begehen, hat 46 Jahre gelebt und in den knapp 20 Jahren seines Schaffens und Wirkens eine solch eminente Leistung auf juristischem und künstlerischem Gebiet erbracht, daß nur das etwas verblaßte Wort „Universalgenie" seine Begabungsfülle umfaßt. Beruflich war er tätig als Jurist, Komponist, Dirigent, Musiklehrer, Musikkritiker, Zeichner, Maler, Bühnenarchitekt, um sich schließlich zum romantischen Erfolgsautor, ja zum Modeschriftsteller seiner Zeit zu entwickeln.

Zur Person: Äußerlich klein, zierlich, von schmächtiger Gestalt, mit krausem Haar, stechenden Augen, koboldhaft behende, dazu sprühend lebendig, von geistvollem sarkastischen Witz, Mittelpunkt jeder Tafelrunde, glühender (meist unglücklicher) Verehrer der Frauen. Er muß auf seine Zeitgenossen, auf kluge kühle Männer von gleichem geistigen Rang, eine magische, ja dämonische Anziehungskraft ausgeübt haben. Aber zugleich war er – und das ist das Phänomen! – ein Jurist von Rang, der, voll erfüllt vom Ernst des Richteramts, sachlich kühl alle rechtlichen Argumente beherrschte.

Hier in diesem Haus, im ehemalig preußischen Kammergericht, hat er gewirkt, hier ist er ein und aus gegangen, hier darf ich ihm heute die laudatio halten, wohlgemerkt eine rein juristische, in der kargen Sprache unseres Standes. Und doch muß dabei der Künstler gegenwärtig bleiben: Als der leidenschaftlich Besessene, der bis zum Mittag seine Akten erledigte, nach Hause in die Taubenstraße stürzte, sich auf seine Manuskripte oder Partituren warf, der abends in der Weinstube von Lutter und Wegener mit Freunden tafelte, mit berühmten Zeitgenossen korrespondierte, beißende Kritiken schrieb und andern Tages wieder im Gericht votierte.

Unveränderter Abdruck meines Festvortrags am 23. Januar 1976 im Berlin-Museum (ehem. Kammergericht). Aus meinen zahlreichen Unterlagen möchte ich vor allem nennen: *Eugen Wohlhaupter*, Dichterjuristen II (1955) S. 35–98, die beiden Sammlungen von *Friedrich Schnapp*, E. T. A. Hoffmann, Juristische Arbeiten (1973) und E. T. A. Hoffmann in Aufzeichnungen seiner Freunde und Bekannten (1974), sowie die glanzvolle Darstellung von *Ulrich Helmke*, E. T. A. Hoffmann (1975).

Ich beginne mit seinem Leben. Ernst Theodor *Wilhelm* Hoffmann wurde zu Königsberg am 24. Januar 1776 geboren. Den Vornamen Amadeus wählte er später selbst und trug ihn als Künstlernamen. Hoffmanns Vater war Hofgerichtsadvokat; ob sich unter seinen Ahnen auch Polen oder Ungarn befunden hätten, ist bisher nicht bewiesen. Aber sicherlich wirkte er zeitlebens fremd und ausländisch.

Uns interessiert mehr das juristische Milieu seiner Herkunft. Die Ehe seiner Eltern wurde zwar bald geschieden und Ernst als der jüngere Sohn der Mutter zugesprochen; aber es waren juristische Verwandte, die sich um seine Erziehung kümmerten.

Schon auf der Schule schloß Hoffmann Freundschaft mit dem ein Jahr älteren Theodor Gottfried von Hippel, dem späteren preußischen Staatsrat und Oberpräsidenten von Westpreußen, der ihm ein Leben lang die Treue hielt, ihn finanziell unterstützte und ihm zu Amt und Brot verhalf, wann immer das Schicksal den genialen Künstler bedrängte. Auch die Universität besuchten sie gemeinsam.

Als Sechzehnjähriger ließ sich Hoffmann 1792 bei der Rechtsfakultät der Albertina in Königsberg inskribieren, gewiß nicht aus Begeisterung für die Jurisprudenz, das Studium bot sich ihm ganz auf natürliche Weise an. Die Juristerei war sozusagen ein Familienfach. Hoffmann hatte zwar von Jugend an Musik- und Zeichenunterricht erhalten, aber der Gedanke an eine künstlerische Laufbahn lag ihm noch fern.

Zu seinem Studium eine Vorbemerkung über den damaligen Stand des preußischen Rechts: Im Jahre 1791 war eine Riesenkodifikation, das Allgemeine Landrecht für die preußischen Staaten (das ALR) mit mehr als 17 000 Paragraphen bekanntgemacht worden; 1794 trat das Gesetz in Kraft. Wenn ich einen Vergleich ziehen darf: Das Bürgerliche Gesetzbuch wurde 1896 mit 2385 Paragraphen verkündet und zum 1. Januar 1900 in Kraft gesetzt. Das Studium des neuen BGB dürfte erheblich leichter gewesen sein, als das des neuen ALR.

Hoffmanns Studium verlief ganz normal. Ich kann nicht berichten, daß er eine Vorlesung beim großen Kant gehört hätte. Über sein erstes Verhältnis zur Rechtswissenschaft mag ein Satz aus einem Brief genügen: „Das Studium geht langsam und traurig – ich muß mich zwingen, ein Jurist zu werden."

Nach sieben Semestern kam Hoffmann 1795 zum ersten juristischen Examen. Er bestand es mit dem Prädikat „im ganzen recht gut", wenngleich „Antworten etwa in der Lehre vom Leihvertrag, vom Darlehn und von der Verjährung noch den Mangel an vollständiger Reife zu erkennen gaben".

So konnte die Ausbildung bei der Justiz beginnen. Sie verlief damals in Preußen folgenderweise: Auf das erste Examen folgten drei Jahre als Auskultator, dann das Referendarexamen, die Referendarzeit und als dritte Prüfung die Assessorprüfung.

Hoffmann wurde nun zum *Auskultator* ernannt und der Ostpreußischen Regierung in Königsberg zugewiesen. Aber die Familie bestand auf einem Ortswechsel; sie hatte mit Unbehagen Hoffmanns leidenschaftliches Verhältnis zu einer verheirateten Frau beobachtet, man wollte einem Skandal zuvorkommen. Hoffmann ließ sich also – selber ganz erleichtert – im Mai 1796 nach Glogau versetzen, wo ihn ein Bruder seiner Mutter, der Justizrat Doerffer, liebevoll aufnahm und betreute.

Aus dieser Zeit ein aufschlußreicher Satz aus einem Briefe Hoffmanns: „Die Wochentage bin ich Jurist und höchstens etwas Musiker, sonntags wird am Tage gezeichnet und abends bin ich ein sehr witziger Autor bis in die späte Nacht." Sie sehen hier bereits die *Zeiteinteilung* Hoffmanns als Jurist und Künstler, die für ihn charakteristisch ist.

Im Juni 1799 bestand Hoffmann in Glogau seine zweite Prüfung, das *Referendarexamen*, diesmal schon mit besserem Erfolg. Geprüft wurde „aus der Prozeß-, Pupillen-, Deposital- und Hypothekenordnung und aus den schlesischen Provinzialgesetzen". Hier beurteilt man seine Leistungen als „überall ausnehmend gut"; er habe sich „eine sehr zusammenhängende und gründliche Sachkenntnis von den erwähnten Teilen zu eigen gemacht". Dazu kommt noch ein „mit Fleiß, Gründlichkeit und guter Beurteilung ausgearbeitetes Probereferat".

Dieses schriftliche Referat ist uns im Wortlaut erhalten, ich möchte hierüber berichten:

Ein Rittergutsbesitzer in Ostpreußen hatte ein Gut in Schlesien mit allem Mobiliar gekauft und übergeben erhalten. Für einen Teil des Kaufpreises hatte er Wechsel ausgestellt, die der Verkäufer weiter begab. Bei Fälligkeit wurden die Wechsel nicht eingelöst, die Indossatare klagten sie in Glogau ein. Inzwischen war der Käufer aber unter Bestellung eines Verwalters nach Ostpreußen zurückgereist; dort betrieb er die Annullierung des Kaufvertrags im Prozeßwege. In Glogau bestreitet er einmal den Gerichtsstand: Der dingliche Gerichtsstand sei nicht gegeben, weil ihm das Gut nur übergeben worden sei. Sein persönlicher Gerichtsstand befinde sich aber in Ostpreußen. Sachlich wendet er die begehrte Annullierung des Kaufvertrags ein.

Und nun Hoffmann: Er bejaht zunächst die Zuständigkeit und zwar qua persönlichen Gerichtsstands des Beklagten. Die Begründung: Der Beklagte hat das Gut mit Mobiliar gekauft und übergeben erhalten, bei seiner Abreise hat er einen Verwalter eingesetzt. Darin liegt aber die stillschweigende Begründung eines zweiten Wohnsitzes, der nach dem ALR zulässig ist.

In der Sache selbst zieht Hoffmann eine Bestimmung des ALR heran, wonach Gutsbesitzer Wechsel nur gegen bares Geld ausstellen können. Das war hier nicht der Fall, und deshalb sind die Wechsel ungültig. Wie steht es nun mit den Indossamenten? Hoffmann legt sie sachgemäß als Zessionen des Kaufpreisanspruchs aus. Diesem Anspruch konnte der Beklagte aber die Annullierung des Kaufvertrags entgegenhalten. Da nun hierüber bereits in Ostpreußen prozessiert wird, sollten die Kläger dort ihre Rechte als Intervenienten geltend machen. Deshalb schlägt Hoffmann Klagabweisung unter Vorbehalt der genannten Rechte vor.

Es ist zu verstehen, daß das Referat eine gute Beurteilung erhielt.

Der daraufhin ernannte Referendar Hoffmann wurde zunächst in *Glogau* ausgebildet. Als aber der Oheim Doerffer zum Geheimen Obertribunalrat in *Berlin* ernannt wurde, durfte ihm der Neffe folgen. Als Referendar betrat er zum ersten Mal das Kammergericht. Und kaum hatte er dort die Ausbildung angetreten, als er sich schon beim Präsidenten beschwerte, er bekäme nicht genug zu tun, ein Mangel, der natürlich prompt behoben wurde. Hoffmann wuchs in dieser Zeit in sein Fach hinein; sein scharfer Verstand fand anscheinend an der Materie immer neue Nahrung. Das Assessorexamen, zu dem er sich mit Freund Hippel gemeinsam vorbereitet hatte, bestand er im Februar 1800 mit der Note „vorzüglich". Er war jetzt 24 Jahre alt.

Es folgte die Ernennung zum *Assessor* mit der Versetzung zur Südpreußischen Regierung in *Posen* (natürlich unbesoldet!).

> Das „Südpreußen" genannte Gebiet hatte Preußen 1793 bei der zweiten Teilung Polens erhalten. Dorthin schickte man vorzugsweise junge talentvolle und arbeitsame Juristen, weil es übermäßig viel zu tun gab.

Mit seiner Arbeit erwarb sich Hoffmann Zufriedenheit und Wohlwollen seines Präsidenten, und so begann seine Laufbahn recht erfolgversprechend. Zum ersten Mal scheint er auch gesellschaftlich den breiten Lebensstil gefunden zu haben, der seiner künstlerischen Natur entsprach. Posen galt damals als der wichtigste Schnittpunkt deutsch-polnisch-jüdischen Geistes; Adel und Bürgertum wetteiferten in der Pflege der schönen Künste. Der junge Hoffmann – sehr im Gegensatz zu anderen preußischen Beamten – verkehrte auch in nicht-deutschen Kreisen, schwelgte in Tafelfreuden, besuchte Bälle, Soireen und leistete sich in seinem Übermut gar bald einen „Geniestreich". Er hatte nämlich als brillanter Zeichner von den seriösen Verwaltungsbeamten und Offizieren sehr boshafte Karikaturen angefertigt und diese nicht etwa heimlich kursieren lassen, sondern auf einem Karnevalsball aus der Hand eines „italienischen Bilderverkäufers" unter die Leute gebracht, ein Affront, den der General nicht hinnehmen konnte, zumal sich auch sein Konterfei unter den Bildern befand. Er ließ dieselben einsammeln und sandte sie noch in derselben Nacht mit einer Beschwerde nach Berlin. Dort lösten sie zwar gewaltiges Gelächter aus, aber Hoffmann wurde strafversetzt; im Frühjahr 1802 mußte er seinen Dienst bei der Neuostpreußischen Regierung in *Plock* antreten, glimpflicherweise unter Ernennung zum Regierungsrat.

> „Neuostpreußen" hatte Preußen 1797 bei der dritten Teilung Polens erworben.

Plock war ein trostloses polnisches Nest mit 3000 Einwohnern – für Hoffmann eine recht empfindliche Verbannung. So tat er das,

was man in Kollegenkreisen jedem Junggesellen in dieser Einöde
empfahl: Er heiratete. Im Juli 1802 schloß er mit der schönen Polin
Michalina Rohrer, Ziehkind deutscher Eltern, den Ehebund. Im
landläufigen Sinne war Hoffmanns Ehe sicherlich glücklich. Ohne
seine komplizierte unruhige Natur ganz zu erfassen, begleitete Michalina ihn als treue Schicksalsgefährtin bis zu seinem frühen Tode.
Das einzige Töchterchen Cäcilie starb zweijährig.

An Arbeit fehlte es in Plock keineswegs; bis in die Nacht saß
Hoffmann über seinen Akten. Und trotzdem schritt sein musikali-
sches und literarisches Schaffen fort. Zwei Jahre dauerte diese Straf-
zeit. Dann gelang es ihm, wiederum mit Freundeshilfe, 1804 zur
Südpreußischen Regierung nach *Warschau* versetzt zu werden,
d. h. zum dortigen Obergericht.

Aus seiner Warschauer Zeit wird berichtet: ,,Er hatte nie Spruch-
reste, hielt seine Termine gewissenhaft ab, erschien früh im Colle-
gienhaus und arbeitete rasch fort, ohne sich mit Nebendingen zu
beschäftigen, so daß er gewöhnlich gegen ein Uhr schon fertig war,
während viele andere erst anfingen." Und Hoffmann schreibt selbst
einmal: ,,Ich muß ja wohl frisch von der Hand weg arbeiten, um nur
die Akten mit den Partituren zu wechseln." Das zeigte sich auch bei
einer Revision: Der Regierungsrat Hoffmann hatte keine Restan-
ten.

In Warschau gewann sich Hoffmann den zweiten lebenslänglich
treuen Freund: Assessor *Hitzig*, auch er musikalisch und literarisch
gebildet; Hitzigs Aufzeichnungen verdanken wir u. a. den folgenden Bericht aus Warschau:

Da sollte im August 1806 des Königs Geburtstag mit einem Kon-
zert festlich begangen werden. Zu diesem Zwecke war das dazu
vorgesehene Palais allerdings noch völlig zu renovieren. Der junge
Hoffmann entwarf nicht nur die Pläne für die neue Ausstattung des
Konzertsaals und der übrigen Räume, er überwachte auch die Ma-
lerarbeiten, stand selbst auf der Leiter. Wenn dann Parteien auf-
tauchten, die einen Kontrakt zu schließen wünschten und im weiten
Palais vergeblich nach einer Amtsperson Ausschau hielten, sprang
er unbefangen herab, eilte ihnen mit fliegenden Rockschößen voraus, um im Gerichtsgebäude, den Pinsel mit der Feder vertau-
schend, ein juristisches Dokument aufzusetzen, das auch der

schärfsten Kritik standhalten konnte. Und was das Palais anging: Fristgemäß prangte es im neuen Gewand und es war Hoffmann, der das Festkonzert dirigierte, und das Publikum, schreibt Hitzig, „sah mit Bewunderung, wie ruhig und gemessen er sich ungeachtet seiner quecksilbernen Beweglichkeit dabei zu benehmen verstand".

Glückliche Zeiten, die im Herbst 1806 jäh zu Ende gingen: Preußens Katastrophe, Napoleon in Warschau, Auflösung der Südpreußischen Regierung, Entlassung aller Beamten. Wer von ihnen noch in Warschau bleiben wollte, mußte eine Unterwerfungserklärung mit dem Huldigungseid auf Napoleon abgeben, sonst wurde er ausgewiesen. Der Patriot Hoffmann verweigerte den Eid.

Die folgenden acht Jahre bis 1814 sind ein juristisches Vacuum. Hoffmanns Bemühungen um eine Weiterbeschäftigung im Staatsdienst mußten erfolglos bleiben; das verarmte Preußen konnte unmöglich seine vertriebenen Beamten unterbringen. Hoffmann war nun allein auf seine künstlerischen Fähigkeiten angewiesen – den Titel Regierungsrat hat er übrigens in den folgenden schweren Wanderjahren nie abgelegt, schon um sich damit einen letzten Rest von Reputation zu wahren.

Die Jahre 1806 bis 1808 lebte Hoffmann in bitterer Armut. Immer wieder mußten die Freunde helfen, v. Hippel, aber auch Hitzig, der ebenfalls seine juristische Tätigkeit hatte aufgeben müssen und nun in Berlin Verlagsbuchhandel betrieb. *1808* gelang Hoffmann der künstlerische Durchbruch; er wurde Kapellmeister in *Bamberg*.

Dort wurde er schon in Kürze als der interessanteste Mann im Städtchen abends im „Gasthaus zur Rose" zum allseitig bewunderten Mittelpunkt. Hoffmanns Besuche müssen den Gastwirt um mehrere tausend Gulden reicher gemacht haben. Schon mittags pflegte sich dieser zu erkundigen, ob der Herr Rat des Abends bei ihm zu speisen gedächte, um bei einer Zusage den Boten gleich weiter zu schicken, den Honoratioren die frohe Botschaft zu bringen. Abends war dann die Gaststätte garantiert überfüllt – ein Vorgang, der sich in Hoffmanns späteren Kammergerichtszeiten bei Lutter und Wegener wiederholte. 1813 und 1814 folgten Kapellmeisterstellen in *Dresden* und *Leipzig*.

In dieser Zeit nähert sich Hoffmanns Oper „Undine" der Vollendung; es entstehen aber auch seine literarischen Meisterwerke „Der goldene Topf" und die „Elixiere des Teufels".

So war Hoffmann, als er im Herbst 1814 nach *Berlin* zurückkehrte, in der Welt des Geistes kein Unbekannter mehr. Noch am Abend seiner Ankunft richteten ihm die Freunde ein Festmahl, an dem alle die illustren Berliner Romantiker teilnahmen, Ludwig Tieck, Adalbert von Chamisso, Friedrich de la Motte Fouqué, dazu bekannte Musiker und Maler. „Sie bereiteten mir einen Freudentaumel", heißt es in Hoffmanns Tagebuch.

Anlaß seiner Rückkehr nach Berlin war übrigens das rein praktische Bestreben gewesen, mit festen Bezügen fortan seine freie Künstlerschaft zu finanzieren. Auf einen hohen Posten bei der Justiz war er nicht mehr angewiesen, er hatte Ruhm und Ansehen genug auf anderem Felde erworben. Immerhin konnten ihm die Freunde den Posten eines Hilfsarbeiters am Kammergericht verschaffen – auch Freund Hitzig arbeitete dort in der gleichen Stellung. Die Justiz in Preußen ging langsam vor.

Hoffmann und Hitzig wurden dem Kriminalsenat zugewiesen. Hoffmann erhielt nur Urteilsgebühren und zweimal eine Remuneration von 200 Talern.

Nach zwei Jahren, 1816, kommt endlich die Ernennung zum Kammergerichtsrat und zum Mitglied des Kriminalsenats – zehn Jahre nach 1806!

Aber man rechnete ihm auf das Dienstalter die ganze Zeit seit seiner Ernennung zum Regierungsrat an, also seit 1802.

Das Jahr 1816 ist übrigens noch nach einer anderen Seite ein glückliches Jahr: Am 3. August wurde Hoffmanns Oper „Undine" im Königlichen Schauspielhaus am Gendarmenmarkt mit der Bühnenausstattung Friedrich Schinkels glanzvoll aufgeführt, ein Ereignis, welches das ganze Kammergericht in Aufregung versetzte. Sicher waren alle Kollegen mit ihren Damen zur Premiere erschienen, um den genialen Künstlerjuristen zu feiern, der seinerseits für die bezaubernde Titelheldin in heller Liebe entbrannt war. Das Werk brachte ausverkaufte Häuser und erlebte 15 Aufführungen. Dann kam im Juli 1817 ein Unglückstag: Die ganze Dekoration wurde bei einem Brande vernichtet und nicht wieder ersetzt.

Seltsame Duplizität der Fälle: Die Oper „Hoffmanns Erzählungen" von Jacques Offenbach erlebte ihre deutsche Premiere am 7. Dezember 1881 im Wiener Ringtheater mit größtem Erfolg; aber vor der zweiten Aufführung ging die Bühne in Flammen auf, und erst 1905 kam es zur zweiten deutschen Aufführung, diesmal in der Komischen Oper Berlin.

Über die *Berufstätigkeit* eines Kammergerichtsrats vor 150 Jahren zu berichten, erweist sich insofern als schwierig, als die von ihm verfaßten Urteile längst mit den Akten des Gerichts eingestampft wurden. Nur weniges blieb durch private Aufzeichnung erhalten. Bevor ich aber hierauf näher eingehe, noch einige erklärende Worte zu Hoffmanns *politischer Einstellung:*

Die Zeit um 1816 war erfüllt von politischen Erwartungen, die sich vor und in den Freiheitskriegen stürmisch entwickelt hatten. Sie richteten sich einmal auf ein *einheitliches deutsches Vaterland* – sehr im Gegensatz zur herrschenden Kleinstaaterei und ferner auf ein *freiheitliches Gemeinwesen* – sehr im Gegensatz zu dem herrschenden Absolutismus.

Nun mag es nahe liegen, daß auch der Künstler E. T. A. Hoffmann von den Ideen der Einheit und Freiheit erfüllt gewesen wäre. Aber das ist kategorisch zu verneinen. Hoffmann war zeit seines Lebens künstlerisch viel zu sehr engagiert, als daß ihn politische Programme tiefer berührt hätten. Sein eigener Standpunkt war eindeutig klar und – wie alle Zeitgenossen bestätigen – von unerschütterlicher Festigkeit: Hoffmann war *Patriot* – kein Treueeid auf Napoleon! – und er vertrat als *Richter* den Staat. Den Gedanken an Aufruhr gegen die Obrigkeit wies er von vornherein scharf zurück. Leidenschaftlich wendete er sich aber umgekehrt gegen polizeiliche Willkür. Furchtlos vertrat er das *Gesetz* als unbeugsamer Richter, einzig bemüht, mit geistiger Schärfe und profunder Rechtskenntnis der Gerechtigkeit zu dienen.

Und nun möchte ich Ihnen einen Fall berichten, um den Eindruck zu schildern, den der Kammergerichtsrat auf andere machte, hier auf eine passiv Beteiligte, auf Frau Helmina von Chézy, die uns diesen Vorfall in ihren Memoiren beschreibt: Sie hatte als freiwillige Krankenpflegerin in den Befreiungskriegen in einem Schreiben vom 10. Januar 1816 an General v. Gneisenau über die skandalöse Behandlung der Verwundeten in belgischen und rheinischen Lazaretten berichtet und um Abhilfe gebeten. In der darauf angeordneten Untersuchung drehte die betroffene Invaliden-Prüfungskommission unverfroren den Spieß um und zeigte Frau v. Chézy wegen Beleidigung beim Kreisgericht Köln an; das Gericht verurteilte tatsächlich Frau v. Chézy in Abwesenheit zu einem Jahr Gefängnis, zur Zahlung von 1000 Francs und zur Kostentragung. Die Sache kam zum Kammergericht und Hoffmann führte die Untersuchung. Ich zitiere aus dem Bericht der Frau von Chézy:

„Ich wünschte, ich hätte die Worte auswendig behalten, welche mir Hoffmann zu meiner Verteidigung in den Mund legte, als er das Protokoll aufsetzte; es war nämlich die am meisten inkriminierte Stelle in dem Brief an Gneisenau." Und die Stelle lautet: „Die an den (verwundeten Musketieren) Wilke und Tiede verübte *Elendigkeit*." Frau v. Chézy fährt fort:

„Hierauf ließ mich Hoffmann ungefähr folgende Worte sagen:

> Dies sei nicht als Injurie anzusehen, denn es sei nicht möglich, eine Tat die man rügen wolle, mit anderen Worten zu bezeichnen, als mit solchen, die einen Begriff davon gäben, wie man die Tat empfunden."

Und noch ein weiteres Wort zu seiner Art der Untersuchung:

„Durch die umsichtige Führung Hoffmanns behielt meine Rechtssache ihren festen Gang. Die Verhöre, welche ich zu bestehen hatte, wurden im rechtlichen Sinn geleitet. Die Protokolle, höchst geistvoll aufgesetzt, sollte man drucken; ich fürchte, sie sind vernichtet. Hoffmann war ganz vom Ernst und der Würde seiner Mission durchdrungen. Eine unschuldig angeklagte unbescholtene Frau, die sich aller Gemächlichkeiten einer ruhigen Lage entrissen hatte, um arme Leidende wie eine Mutter zu versorgen, mußte aus einem höllischen Gewebe herausgezogen werden, um nicht durch

Schmach und Gefängnis ihre Bestrebung für eine gute heilige Sache
zu bezahlen."

Ich füge hinzu, daß das Verfahren zur völligen Freisprechung
führte.

Was uns sonst noch Zeugnis gibt über die Tätigkeit Hoffmanns
im Criminalsenat, das sind die Jahresberichte seines Präsidenten v.
Trützschler, und aus diesen Berichten gebe ich Jahr für Jahr, von
1816 bis 1819, einige Sätze wieder.

Jahresbericht 1816:
„Vorzüglichen Gewinn gewährt er dem Collegio durch seine
Arbeiten, die sich durch edle Schreibart, durch eine geschickte und
klare Darstellung und tiefes Eindringen in den Geist der Gesetze
ebenso vorteilhaft auszeichnen, wie ihm das Lob gebührt, daß keine
Sache bei ihm veraltet."

Jahresbericht 1817:
„Unter den wirklich aktiven Mitgliedern nimmt Hoffmann,
40 Jahre alt und jetzt gerade die Hälfte seines Lebens im Staatsdienst, würdig den ersten Platz ein. Ich würde sein ausgezeichnetes
Talent schlecht zu benutzen verstehen, wenn ich ihn mit Diebes-
und Contraventionssachen und anderer loser Kost ermüden wollte.
Aber in schwierigen Sachen, wobei sein Geist Nahrung findet, tut
es ihm an klarer Darstellung und scharfsinniger Entwicklung keiner
vor."

Jahresbericht 1818:
„Seine schriftstellerischen Arbeiten, denen er zuweilen noch die
Stunde der Muße und Erholung widmet, tun seinem Fleiße keinen
Eintrag, und die üppige zum Komischen sich hinneigende Phanta-
sie, die in denselben vorherrschend ist, kontrastiert auf eine merk-
würdige Art mit der kalten Ruhe und mit dem Ernst, womit er als
Richter an die Arbeit geht."

Aus dem *Jahresbericht von 1819* nur ein Satz:
„Das Vorurteil, daß ein genialer Schriftsteller für ernste Ge-
schäfte nichts tauge, hat wohl nicht leicht jemand vollständiger widerlegt, als er."

An der Reihenfolge dieser Beurteilungen läßt sich übrigens unschwer erkennen, wie der Senatspräsident mit wachsendem Verständnis die juristische Leistung seines als Künstler anerkannten Richters zu würdigen wußte.

Ein glücklicher Umstand hat uns wenigstens die Akten über eine *Nebentätigkeit* des Kammergerichtsrats Hoffmann erhalten, nämlich als – unbezahltes – Mitglied der „*Immediat-Untersuchungskommission* über Ermittlung hochverräterischer Verbindungen und anderer gefährlicher Umtriebe". Die Kommission war durch Cabinetts-Order vom 16. September 1819 errichtet und Hoffmann ihr auf Empfehlung seines Präsidenten von Anfang an zugewiesen worden – eine besondere Auszeichnung! Die Kommission unter dem Vorsitz des Senatspräsidenten v. Trützschler hatte die Befugnis zur Eröffnung förmlicher Criminaluntersuchung, und zwar „mit allen Rechten eines Gerichts".

Die Akten der Kommission sind im Geheimen Staatsarchiv erhalten geblieben und darin die Originale der Gutachten Hoffmanns. Aus ihrer Vielzahl wähle ich das umfangreichste aus, nämlich in der Sache des „Turnvaters" *Ludwig Jahn*.

Der Hintergrund dieses Verfahrens ist unter dem Stichwort „Demagogenverfolgung" bekannt. Es genügt, zwei Ereignisse zu nennen: 1817 wurden auf dem Wartburgfest der Burschenschaften reaktionäre Schriften verbrannt, darunter der „Codex der Gendarmerie" des Direktors des preußischen Polizeiministeriums, Karl Albrecht *v. Kamptz*. 1819 wurde Kotzebue vom Studenten Sand ermordet. Darauf kam es zu den berüchtigten Karlsbader Beschlüssen über das Verbot der Burschenschaften, das Verbot des Turnens und die Einführung der Zensur.

Im Zuge dieser Verfolgungen wurde Jahn im Juli 1819 in Berlin von der Polizei, die Herrn v. Kamptz unterstand, verhaftet. Im September erstattete ein Regierungsrat *Janke* Anzeige über eine geheime Verbindung, der *Deutsche Bund* genannt. Dieser habe von Anfang an die hochverräterische Tendenz gehabt, die Verfassungen der deutschen Länder umzustoßen und ganz Deutschland in einer Republik zu vereinigen; diese Tendenz dauere noch fort. Jahn gehöre zu den Gründern. Janke berief sich dabei auf seine eigene frühere Mitgliedschaft bei der Vereinigung; zudem nahm er die Angaben auf seinen Amtseid. Mit dem Vorwurf des Hochverrats war die Zuständigkeit der Immediatkommission gegeben, Hoffmann war Berichterstatter. Er hatte sechs dem Jahn vorgeworfene Straftaten zu untersuchen; die drei wichtigsten greife ich heraus:

1. *Die Stiftung und fortdauernde Teilnahme an einem geheimen und hochverräterischen Bündnis, der Deutsche Bund genannt.*

Tatsächlich war im Jahre 1810 eine geheime Vereinigung mit dem Namen ,,Deutscher Bund'' gegründet worden, Jahn gehörte zu ihren Stiftern. Aber wie stand es mit der hochverräterischen Tendenz? In seiner Vernehmung erklärte Jahn hierzu:

,,Die Gesellschaft hatte keinen anderen Zweck, als die vaterländische Gesinnung aufrecht zu erhalten. Der herrschende Grundsatz in derselben war durchaus, nur für und mit dem Staat, niemals ohne ihn zu wirken. Die Gesellschaft wurde geheimgehalten, um Napoleon keine Gelegenheit zu geben, gegen die Regierung hier unangenehme Maßregeln zu ergreifen. Die Gesellschaft bezweckte in ihrer Absicht auf den bevorstehenden Kampf mit Frankreich auch, daß sie ihre Mitglieder im Schießen und Fechten übte.''

Die Kommission stellte nun eine Fülle weiterer Vernehmungen an. Mehrfach wurde Janke Mitgliedern des Deutschen Bundes gegenübergestellt. Hier machte er einen unsicheren, verlegenen Eindruck, hier verwickelte er sich auch in Widersprüche. So kommt es zu folgender Beweiswürdigung Hoffmanns:

,,daß nicht einmal Tatsachen aufgestellt und nachgewiesen sind, die eine dringende Vermutung für die hochverräterische Tendenz des Bundes begründen könnten,
daß vielmehr das Gegenteil von dem, was der Angeber behauptet, von Personen ausgesagt worden ist, die zwar als Mitangeklagte nicht für glaubwürdige Zeugen geachtet werden können, die aber wegen der Übereinstimmung, der Freiheit, Offenheit, des Zusammenhangs ihrer Aussagen sowie auch zum Teil wegen ihres persönlichen Charakters und ihres Verhältnisses im Staat Rücksicht verdienen und denen man mit vollem Recht zutrauen kann, daß sie mit der Wahrheit nicht zurückhielten.''

Damit ist die hochverräterische Tendenz ausgeräumt.
Freilich stand noch eine weitere Frage offen: War nicht schon die

Teilnahme an einem geheimen Bund allein strafbar?

Dies muß uns heute für den „Deutschen Bund" geradezu grotesk erscheinen; der Bund konnte seine vaterländischen Zwecke in der Zeit der Franzosenherrschaft doch nur im Geheimen verfolgen! Gleichwohl, Hoffmann prüfte die dafür maßgeblichen Vorschriften, nämlich die drei folgenden:

Im Allgemeinen Landrecht wurden „heimliche Verbindungen" von Bürgern unter Strafdrohung für *anzeigepflichtig* erklärt, wenn sie auf den Staat und dessen Sicherheit Einfluß haben konnten.

Zweitens sprach ein Edikt von 1798 in Ergänzung der Vorschrift das *Verbot* von Vereinigungen aus, die ein Verschwiegenheitsgelöbnis oder eine Geheimhaltung ihrer Absichten vorsehen.

Endlich war am 6. Januar 1816 eine Königliche Verordnung ergangen mit dem einzigen Inhalt, die vorstehenden Vorschriften „in Erinnerung" zu bringen.

Nach diesen Gesetzesregeln hätte die Teilnahme an geheimen Verbindungen also doch strafbar sein können!

Nun bestand der „Deutsche Bund" schon längst nicht mehr. Er hatte sich nämlich zu Beginn der Befreiungskriege aufgelöst, weil sein Zweck erreicht war. Die Behauptung Jankes, der Bund bestehe noch fort, war glatt widerlegt worden. Sollten die Mitglieder des Bundes auch dann noch verfolgt werden?

Tatsächlich war damals die Restauration bereits so weit fortgeschritten, daß ein solcher perfider Gedanke ungeniert in der Öffentlichkeit auftauchen konnte. Hoffmann berichtet, „ein sehr gehässiger Streit über die angeblichen geheimen Verbindungen sei entstanden" und „Männer von Ehre und Ansehen seien in Flugblättern kompromittiert worden" – eine völlig vergiftete politische Atmosphäre!

Diesem üblen Streit machte aber – so Hoffmann – die „weise Verordnung" vom 6. Januar 1816 (die ich bereits nannte) ein Ende. Zwar bringt ihr Text nur die bisherige Gesetzeslage „in Erinnerung". Aber Hoffmann zieht noch die Präambel zur Verordnung heran; diese muß ich Ihnen vorlesen. Der König erklärte:

„Wir haben den Parteigeist mit gerechtem Mißfallen bemerkt, welcher sich bei dem Streit der Meinungen über die Existenz geheimer Verbindungen in Unseren Staaten äußert. Als das Vaterland durch Unglücksfälle hart betroffen in großer Gefahr war, haben Wir selbst den sittlich wissenschaftlichen Verein genehmigt, welcher unter dem Namen des Tugendbundes bekannt ist, weil wir ihn als ein Beförderungsmittel des Patriotismus und der Eigenschaften ansahen, welche die Gemüter im Unglück erheben und ihnen Mut geben konnten ... Seitdem haben die Grundsätze und Gesinnungen, welche seine Stiftung veranlaßten, die Mehrheit unseres Volkes beseelt, woraus unter Hilfe des Höchsten die Rettung des Vaterlandes hervorgegangen ist ... Jetzt, wo der Frieden überall hergestellt ist und jeden Staatsbürger nur ein Geist beleben muß, durch einträchtiges pflichtmäßiges Bestreben den sich so herrlich bewährten Nationalsinn zu bewahren und den Gesetzen gemäß zu leben, ... jetzt können geheime Verbindungen nur schädlich und diesem Ziel entgegenwirken."

Mit dieser Präambel bekommt die Verordnung zweifellos erst ihren besonderen Sinn, und so stellt Hoffmann denn auch fest:

,,1. daß der löbliche Zweck und die wohltätigen Wirkungen bis-
    her bestehender geheimer Bündnisse zwar anerkannt und
    daher außer der Kategorie strafbarer Handlungen gestellt
    werden, daß aber von der Zeit der Verordnung, da jene
    Zwecke erreicht sind, ... Verbindungen dieser Art als straf-
    bares Vergehen angesehen werden,

2. daß der Tugendbund keineswegs als der einzige, auf den die
    Verordnung bezogen werden soll, vielmehr nur beispiels-
    weise erwähnt worden ist."

Hiermit entfällt aber die Strafbarkeit der Beteiligung am ,,Deutschen Bund" als geheimer Verbindung.

Die Auslegung der Verordnung entsprechend ihrer Präambel erscheint uns heute völlig selbstverständlich. In der damaligen Zeit war sie geradezu eine politische Tat. So wurde Hoffmann auch deswegen in einer Beurteilung seines Gutachtens angegriffen, die ausgerechnet der damit beauftragte Herr v. Kamptz verfaßte.

2. Die zweite Jahn vorgeworfene Straftat, nämlich die Verbreitung staatsgefährdender Grundsätze, betrifft vor allem seine öffentlichen Vorlesungen über Volkstum und Volkstümlichkeit. Hoffmann hatte Jahns Konzepte durchgelesen. Er stellt fest, daß sich nichts darin findet, ,,was Mißvergnügen gegen die bestehenden

Staatsverfassungen erregen sollte", im Gegenteil, er zitiert eine Stelle aus dem Konzept, in Jahns typisch pathetischer Diktion:

> „Gewaltsame Umwandlungen, in unserer Sprache wohl nicht mit Unrecht Umwälzungen genannt, sind die Ausbrüche eines Feuerbergs. Ohne Schonung, ohne Erbarmen wird die Prachtflur verheert, und die heilige Friedensordnung der Unschuld stirbt in Asche. Ärger noch mit den Umwälzungen in der Staatenwelt: Wo ihr Glutstrom flutete, mußten ganze Geschlechter in die Vernichtung; mit Völkerblut ward der Boden des kreißenden Staats befruchtet, und aus dem Moder der Opfergebeine entsproßte spät dann eine neue Welt. Wer aber darum sich zu einer Rotte verschwören, damit Aufstand, Aufruhr und Empörung anzetteln und so einen besseren Zustand mit Sünde und Blutschuld hervorbringen will – den muß man wie einen Unsinnigen bemitleiden und, äußert sich sein Wahn in Wut, sogleich als einen Rasenden in Ketten schließen."

Nach diesem Zitat fährt Hoffmann freilich fort: „Neben jenen guten Gedanken erstaunt man nicht wenig über die paradoxesten Sätze, auf die abenteuerlichsten Ideen und auf bittere gegen geachtete Personen gerichtete Ausfälle, ohne zu begreifen, wie sie auf einmal hineinkommen."

Denn Jahn scheute vor nichts zurück; so hatte er folgenden Verteidigungsplan entworfen: Das Land soll an einer schwachen Stelle gegen Feinde durch eine künstliche Wüste gesichert werden, es soll versumpft und mit Seen versehen werden, so daß es ungangbar wird; darin sollen Raubtiere ausgesetzt und nötigenfalls gefüttert werden.

Und die gewiß pedantischen Ausführungen eines Wirklichen Geheimen Legationsrats über die Souveräntität hatte Jahn kurzerhand verglichen mit dem „ungewaschenen Zeug, das ein zur Sprache gelangter Stiefelknecht vorbringen würde". Sicher eine arge Grobheit, aber ohne staatsverbrecherischen Gehalt.

3. Endlich die dritte Straftat: *Die Verbreitung gefährlicher Grundsätze durch das Turnwesen.* Hoffmann schickt voraus, es fehle gänzlich an ermittelten Tatsachen, die darauf hindeuten sollten, daß Jahn Turnübungen *ausdrücklich* dazu benutzte, den Schülern gefährliche Grundsätze beizubringen. Er fährt fort: „Am Tur-

nen an und vor sich selber ist nichts neu, als der *Name,* denn die Sache stimmt ganz mit den gymnastischen Übungen überein, die an Erziehungsanstalten üblich waren und keine andere Tendenz hatten als die körperliche Erkräftigung im allgemeinen", eine Tendenz übrigens, die sich in der Zeit der Franzosenherrschaft verstärken mußte. Und aus den Schreiben Jahns hierüber ergibt sich keine gefährliche Tendenz. „Ganz im Gegenteil", sagt Hoffmann, „ist es höchst löblich, wenn die aufwachsenden Jünglinge sich früh für den Dienst des Vaterlandes tüchtig machen."

Freilich, erwägt Hoffmann, könne damit auch ein *Kastengeist* und der *Dünkel* erregt werden, man sei etwas besseres und brauche sich in keine gewöhnliche Ordnung zu fügen. Nun wörtlich: „Dem zu begegnen bedarf es an der Spitze eines Mannes, der mit der reinsten Gesinnung die völlige Ruhe – die Leidenschaftslosigkeit des wahren Weisen – verbindet. Die letzteren Eigenschaften fehlen dem pp Jahn ganz und gar. Er ist, wie aus allem, was er begonnen, klar hervorgeht, heftig, leidenschaftlich, wider seine Gegner erbittert und – was das schlimmste scheint – mit sich selbst, mit seinen Ansichten und Meinungen nicht im klaren, wie dies seine Vorlesungen und Schriften dartun. Dabei hascht er nach Paradoxien, nach blinkenden Witzwörtern und bemüht sich, seinem Ausdruck eine altertümliche Energie zu geben, die, oft beinah im Stil der Bibel, ihre Wirkung auf die Jugend nicht verfehlen kann."

Wenn nun das Selbstbewußtsein dieser Turnerjugend revolutionären Köpfen gelegen kommen mochte, so spielt Hoffmann die politische Tendenz doch mit klugem Spott herunter:

„Das Treiben exaltierter Knaben mag vielleicht argen Unfug veranlassen, aber niemals die Besorgnis einer Revolution erregen. Mag das Turnen so, wie es geübt wird, in *staatspolizeilicher* Hinsicht nicht geduldet werden, so fehlt es doch an jedem *kriminellen* Tatbestand."

So kommt Hoffmanns Gutachten schließlich zum Ergebnis, „daß den Jahn in keinem Falle eine Strafe treffen kann, die seine Haft während der Untersuchung rechtlich begründen könnte".

Ich habe Ihnen das Gutachten ausführlicher vorgetragen, weil wir daraus das Bild des *Richters* Ernst Theodor Wilhelm Hoffmann gewinnen. Hoffmann war – in unserer Diktion – ein *engagierter*

Richter. Engagiert für den *Rechtsstaat,* und das zu einer Zeit, in der unter dem Zeichen der allgemeinen Restauration der *Polizeistaat* immer unbedenklicher seine düstere Herrschaft ausübte. Ich muß hinzusetzen, daß sich Hoffmann dabei in voller Übereinstimmung mit der Kommission und dem Kriminalsenat befand – dies sei zur Ehre des Kammergerichts gesagt.

Es kennzeichnet die politische Lage, daß sich die Kommission nicht durchsetzen konnte: Jahn, der sich während seines Strafprozesses noch in Kolberg aufhalten mußte, bekam auch nach seiner völligen Freisprechung durch das Oberlandesgericht Frankfurt a./O. im Jahre 1825 nicht die verdiente Freiheit. Mit einer Abfindung wurde ihm der Aufenthalt in Freiburg an der Unstrut auferlegt, er durfte die Stadt nicht verlassen. Erst im Jahre 1840 wurde er durch eine Kabinettsorder Friedrich Wilhelms IV. voll rehabilitiert.

Die rechtsstaatliche Arbeit der Immediatkommission ließ die Reaktion auch sonst nicht ruhen. Im Jahre 1821 gelang es Herrn v. Kamptz, die Errichtung einer Ministerialkommission zu erreichen, die der Immediat-Untersuchungskommission übergeordnet war. So war es für Hoffmann eine Befreiung, als er am 1. Dezember 1821 in den Oberappellationssenat des Kammergerichts berufen wurde und damit aus der Kommission ausschied.

Aber die Belastung der letzten Jahre war zu stark gewesen, er wurde ernstlich krank, sein Leben neigte sich dem Ende zu. Dennoch ließ er nicht nach in seiner Doppelexistenz; weiter erfüllte er ein riesiges Arbeitspensum auf beiden Gebieten, glühend entzündet, sich selbst verzehrend, leidend unter der Unbill der Zeit. Sein Groll auf die Polizei, sein Schmerz über die offene Rechtsbeugung schlug jetzt in seiner Dichtung durch. Hier zog er mit Sarkasmus, mit beißendem Spott her über Herrn v. Kamptz und dessen Methoden. In sein Märchen „Der Meister Floh" fügte er Anfang 1822 noch eine Episode ein, die ich jetzt berichten muß:

Da hat in der Stadt Frankfurt die Gerichtsbehörde auf das Gerücht, im Hause eines Bankiers sei eine junge Dame entführt worden, Ermittlungen angestellt mit dem Ergebnis, daß keine junge Dame vermißt wird. Nun kommt ein Geheimer Hofrat Knarrpanti vom Hofe eines kleinen Fürsten und verlangt beim Stadtrat, deswegen einen etwas weltfremden jungen Bürger zu verhaften. Auf den

Einwand, niemand werde vermißt, es fehle also an einer Tat, entgegnet er: ,,Wenn man nur den Verbrecher hat, wird sich das Verbrechen schon finden.''

Das war nun ersichtlich auf Herrn v. Kamptz gemünzt. Und der politische Gegner schlug zu. Hatte er dem angesehenen Mitglied der Immediat-Untersuchungskommission nichts anhaben können, so wollte er sich jetzt am Dichter rächen. Noch im Druck wurde das Werk beschlagnahmt, dem Autor ein Disziplinarverfahren angehängt. Ganz Berlin war empört. Aber das Verfahren kam nicht mehr zum Abschluß; der Tod trat dazwischen: Am 25. Juni 1822 starb Hoffmann, 46 Jahre alt, erlöst von schwerem Leiden.

Nun noch ein letztes Wort: Wir haben in unserer deutschen Kulturgeschichte eine lange Reihe namhafter Dichterjuristen, angefangen im 15. Jahrhundert mit Sebastian Brant über Goethe, Kleist, Novalis, Achim von Arnim, Eichendorff, Theodor Storm, Gottfried Keller bis zu Kafka und Ernst Jünger. Diese Doppelexistenz ist freilich sehr problematisch. Sprach man früher noch ganz naiv von dem natürlichen Verwurzeltsein der Dichterjuristen in zwei getrennten Welten, von ihrem doppelten Leben im Traumreich der Phantasie und im irdischen Bereich der menschlichen Ordnung, verglich man gar scherzhaft den Amtsschimmel am Morgen mit dem Pegasus am Abend, so haben wir heute das ungeheure Spannungsfeld erkannt, in welchem, gleichermaßen gebunden durch Beruf und Berufung, diese Männer tätig waren: Sie mußten die bedrohliche Last eines doppelten Anspruchs bewältigen. Erst dann konnten sie mit gesteigerter Schaffenskraft aus der juristischen Praxis zweifachen Gewinn ziehen, den Gewinn für ihre Kunst und den für ihre Persönlichkeit: Aus Aktenstaub und Paragraphendickicht erstand ihnen das Bild des Menschen; diesem Bild gaben sie in ihrer Dichtung Form und Ausdruck. Und in der Zucht dienstlicher Pflichterfüllung lernten sie die Überwindung ihrer künstlerischen Eigenliebe.

Bei Hoffmann ist die literarische Bereicherung aus der juristischen Materie weithin bekannt: Der Kriminalfall als Hauptthema einer Novelle, Richter und Anwälte als Handlungsträger seiner Erzählungen sind nur denkbar mit der Lebenserfahrung und der Rechtskenntnis des Fachmanns.

Auch über die persönliche Problematik dieser Doppelbeziehung war er sich im klaren: In Tagebüchern, in zahllosen Briefen beschäftigte er sich wiederholt mit der Bürde seiner vielen Ämter, oft seufzend, auch klagend, und manchmal mit ironischem Unterton. Ich zitiere einen Satz, den er 1808 nach seiner Anstellung als Kapellmeister in Bamberg über die vergangene Zeit im Staatsdienst schrieb:

„Vorzüglich glaube ich, dadurch, daß ich außer der Kunst einem öffentlichen Amt vorstehen mußte, eine allgemeine Ansicht der Dinge gewonnen und mich von dem Egoismus entfernt zu haben, der, wenn ich so sagen darf, die Künstler von Profession so ungenießbar macht."

Wir aber können heute im Rückblick auf sein Leben das glückliche Geschick nur preisen, das ihn so frühzeitig dem juristischen Beruf zuführte. Seine exzentrische Natur, die Fülle seiner Talente bedurften einer straffen Bändigung; die drohende Gefahr, seine geistigen Gaben ziellos zu verschwenden, konnte er nur meistern mit der Disziplin des Juristen. Er selbst empfand die Sachlichkeit des Richters als die heilsame Ergänzung seines künstlerischen Temperaments.

Unter den Dichterjuristen stelle ich Hoffmann als Juristen an die erste Stelle. Seine hohe Richterqualität wurde gewiß schon zu Lebzeiten anerkannt. Aber erst wir vermögen nach den Erfahrungen unserer Tage die unerschrockene Standhaftigkeit voll zu würdigen, die der Kammergerichtsrat in unruhiger Zeit bewies. Sein Bild gewinnt damit einen Zug verhaltener Tapferkeit, der seine ganze Erscheinung adelt. Was Freund und Feind zeitlebens bestätigten: Er war ein Mann von Charakter und besaß damit jene Tugend, die für den Künstler vielleicht entbehrlich, für den Juristen jedoch unerläßlich ist.

Sicher können viele Kreise Hoffmann in diesem Jahr für sich in Anspruch nehmen – wir sind stolz, daß er auch einer der Unsern war.

www.ingramcontent.com/pod-product-compliance
Lightning Source LLC
Chambersburg PA
CBHW060656150426
42813CB00053B/1085

Clemens Amelunxen
Napoleon – Fürst von Elba

Schriftenreihe
der
Juristischen Gesellschaft zu Berlin

Heft 99

W
DE
G

1986
Walter de Gruyter · Berlin · New York

Napoleon – Fürst von Elba
Empire in Miniatur 1814–1815

Von
Clemens Amelunxen

Erweiterte Fassung eines Vortrags
gehalten vor der
Juristischen Gesellschaft zu Berlin
am 12. Februar 1986

W
DE
G

1986
Walter de Gruyter · Berlin · New York

Dr. iur. Clemens Amelunxen
Vorsitzender Richter am Oberlandesgericht Düsseldorf,
stellvertretender Vorsitzender des Justizprüfungsamtes Düsseldorf

CIP-Kurztitelaufnahme der Deutschen Bibliothek

Amelunxen, Clemens:
Napoleon – Fürst von Elba :
Empire in Miniatur 1814–1815 ; erw. Fassung e.
Vortrags, gehalten vor d. Jur. Ges. zu Berlin
am 12. Februar 1986 / von Clemens Amelunxen. –
Berlin; New York : de Gruyter, 1986.
   (Schriftenreihe der Juristischen Gesellschaft zu
   Berlin ; H. 99)
   ISBN 3 11 010972 7

NE: Juristische Gesellschaft ⟨Berlin, West⟩: Schriftenreihe der Juristischen Gesellschaft e. V. Berlin

Inhalt

I. Die vergessene Regierung

Keine Epoche im Leben des Kaisers Napoleon hat die Wissenschaft weniger beschäftigt als die zehn Monate seiner Regierung auf der Insel Elba. Historiker, Militärkundler und erst recht Juristen haben sich hierum nur selten gekümmert, und bis heute ist dieser Teil der „vita napoleonica" in wichtigen Bereichen kaum ausgeleuchtet. Das mangelnde Interesse ist nicht damit zu erklären, daß Napoleons Dasein und Tätigkeit auf der Insel nur relativ kurze Zeit gedauert hat. Manche Zeitabschnitte seines Lebens, die kürzer oder nur wenig länger waren, sind weit besser erforscht – denken wir nur an die Hundert Tage seiner zweiten Regierung in Frankreich, an seinen Aufenthalt im Orient, an die friedliche Epoche seines Konsulats oder an den russischen Feldzug.

Karikatur und Parodie

Die Vernachlässigung des Themas „Napoleon auf Elba" ist eher darin begründet, daß diese Periode ein seltsames Zwischenspiel im Lebensdrama Napoleons darstellt – ein „entre-acte", der auf dem Theater meist einen skurrilen, ja komischen Einschlag zeigt, selbst wenn er in eine Tragödie eingebettet ist. Stets ist die Miniatur in Gefahr, abzugleiten in den Bereich des Lächerlichen, wo die ernsthafte Bemühung scheinbar nichts verloren hat.

In der Tat: aus keinem Lebensabschnitt sind uns so viele zeitgenössische Karikaturen Napoleons überliefert wie eben aus diesem. Der Imperator, der jetzt eine Handvoll dummer Bauern regiert; Sancho Pansa, der seine Insel Barataria in Besitz nimmt; der Feldherr, der den kümmerlichen Rest seiner Armeen um einen Dorfplatz herummarschieren läßt; Robinson Crusoe, Neuland entdeckend, unter einem Regenschirm mit aufgepflanztem Pleitegeier; der einstige Herr der Welt, den die europäischen Machthaber wie ein Hündchen an kurzer Leine laufen lassen – das alles hat die Federn bösartiger Zeichner und Skribenten angespitzt.

Im Blick auf die Nachwelt ist für eine große Persönlichkeit das Mittelmaß schwerer zu ertragen und zu bewältigen als der völlige Absturz. So erklärt es sich, daß etwa die Tragödie von St. Helena mehr historische Anteilnahme gefunden hat als die elbanische Parodie. Die Gefangenschaft auf der Atlantik-Insel hat Respekt und Mitleid, das Exil in Elba nur

amüsierten Spott hervorgerufen. Ohne St. Helena wäre Napoleons Ruhm
unvollendet geblieben; ohne Elba (so glaubt man) würde dem Kaiserbild
kein wesentlicher Bestandteil fehlen. Dies scheint für die Forschung ein
undankbares Objekt zu sein, weil es nicht spektakulär ist.

Die tiefere Erkenntnis

Aber täuschen wir uns nicht. Auf kleinem Prüffeld ist manches deutlicher zu erkennen, was im großen Panorama verlorengeht. Als junger
Korse ist Napoleon ein Spätentwickler, dessen Jugendzeit noch keine
sicheren Deutungen erlaubt. Zu seinen Glanzzeiten ragt er so hoch in die
Wolken, daß er fast unsichtbar wird. Auf St. Helena posiert er für die
Nachwelt und baut bewußt den Tempel der Erinnerung auf, wie er ihn
selber haben will.

Auf Elba aber – besiegt zwar und entthront, in ein Liliput-Reich
verbannt, mit ganz ungewisser Zukunft – da erkennt man ihn vielleicht
eher, wie er wirklich gewesen ist. Da ist er, noch in der Vollkraft seiner
Jahre, zurückgeworfen auf sich selbst, da sind die Strukturen seiner
Persönlichkeit freigelegt. Man sieht das Wesentliche in ihm und an ihm,
konzentriert wie in einem Brennglas – er ist, um ein modernes Schlagwort
zu gebrauchen, ein „Mann zum Anfassen".

In der äußeren Beschränkung seines Milieus und mit ebenso frischen
wie tiefen Wunden, die seinem Selbstbewußtsein geschlagen sind, kann er
sich dem Betrachter kaum entziehen (so sehr er das auch und gerade auf
Elba versucht hat).

Darum meine ich, daß solche Betrachtung sich lohnen könnte.

II. Der Vertrag vom Fontainebleau

Am Anfang des elbanischen Exils stand nicht nur die militärische
Niederlage des Empire, der Fall von Paris und der Treubruch fast aller
französischen Marschälle, sondern auch ein eminentes juristisches Faktum, der Vertrag von Fontainebleau vom 11. April 1814, abgeschlossen
zwischen „Seiner Majestät dem Kaiser Napoleon" einerseits und den
Kaisern von Österreich und Rußland sowie dem König von Preußen
andererseits. Napoleon hatte diesen Vertrag erst am 14. April unterschrieben, nachdem ihm ein Selbstmordversuch mit Gift mißlungen war.

Das Fürstentum Elba

Danach verzichtete er für sich, seine Abkömmlinge und alle Mitglieder
seiner Familie auf sämtliche Souveränitäts- und Herrschaftsrechte über

Frankreich, Italien und jedes andere Land. Private Freizügigkeit war ihm unbeschränkt, außer auf französischem Boden, garantiert. Er durfte seinen Rang und Titel auf Lebenszeit behalten, ebenso die Familie ihre prinzlichen Würden.

Der wichtigste Artikel III lautete: „Die Insel Elba, von Seiner Majestät Kaiser Napoleon als Ort Seiner Niederlassung gewählt, soll während Seines Lebens ein eigenes Fürstentum bilden, das Ihm zu eigen gehört und Seiner vollen Souveränität unterstehen soll. Außerdem wird Ihm als alleiniges Eigentum ein jährliches Einkommen von zwei Millionen französischen Franc in Renten gewährt, halbjährlich in Teilbeträgen zahlbar, einzutragen in das französische Grundbuch."

An diesem Vertrag, auf dessen Inhalt wir mehrfach zurückkommen, ist einiges auffällig.

Die erzwungene Wahl

Keineswegs hatte sich Napoleon die Insel Elba freiwillig als Fürstentum „gewählt", sondern sie war ihm oktroyiert worden. Ihm selbst wären, wenn er denn schon das Empire aufgeben mußte, das Großherzogtum Toskana, die alte Heimat seiner italienischen Vorfahren, oder eine weit größere Insel wie Korsika oder Sardinien als Herrschaftsgebiete lieber gewesen. Der großmütigste seiner Gegner, der russische Zar Alexander, hätte sich darauf eingelassen. Aber der neue Bourbonenkönig Louis XVIII. von Frankreich würde die Herausgabe Korsikas ebensowenig hingenommen haben wie das restaurierte Königreich Piemont die Abtretung Sardiniens, und was die Toskana anging, so bestand Österreich auf Rückkehr der Habsburger in dieses Land.

Ohnehin hätte für Napoleon alles noch schlimmer kommen können. Die Engländer erwogen ernsthaft, ihn auf einer schottischen Festung einzusperren, und der alte Fuchs Talleyrand, der die Geographie besser kannte als die meisten seiner Gegenspieler, empfahl schon damals entlegene Inseln wie die portugiesischen Azoren, St. Lucia in der Karibik oder St. Helena als sicheren Verbannungsort, von wo der „Feind Europas" nicht so leicht zu neuer Ruhestörung wiederkehren könnte. So ließ Napoleon, der von diesen Plänen erfuhr, sich nur notgedrungen auf die Zuweisung der Insel Elba ein.

Vertrag zu Lasten Frankreichs

Eine zweite Merkwürdigkeit des Abkommens von Fontainebleau lag darin, daß es ein „Vertrag zu Lasten Dritter" war. Nicht nur die Jahresrente sollte von Frankreich gezahlt werden, sondern Frankreich mußte auch Elba, das seit 1802 französisch war, zur Verfügung Napoleons stellen. Der Bourbonenkönig Louis XVIII. war aber gar nicht Vertragspartner. Er hat nur in einem Zusatzprotokoll sein Einverständnis erklärt, was ihm später willkommene Gelegenheit bot, die ihn belastenden Regelungen für nichtig zu erachten und jedenfalls von der Rente keinen einzigen Franc zu zahlen. Der vorläufige Verzicht auf Elba fiel ihm leichter, denn diese Insel hätte er sonst wohl ohnehin an den toskanischen Großherzog, dem sie früher gehörte, wieder herausgeben müssen.

Die ungeregelte Erbfolge

Es gab noch einen dritten neuralgischen Punkt, der wiederum Napoleon bedrücken mußte. Elba war ihm nur „für seine Lebenszeit" als Fürstentum zuerkannt worden. Eine Erbfolge-Regelung enthielt der Vertrag nicht. Insbesondere war Napoleons Sohn, der kleine „König von Rom", nicht als Nachfolger in der Herrschaft vorgesehen; der sollte später mit dem Herzogtum Parma in Oberitalien abgefunden werden, das zunächst für seine Mutter, die Kaiserin Marie Louise, bestimmt war, und wo diese dann auch tatsächlich regiert hat.

Elba geriet damit in eine staatsrechtlich prekäre Lage, zumal weder eine testamentarische Verfügung Napoleons vorgesehen war noch, nach seinem Tod, ein automatisches Heimfallrecht – nicht an Frankreich und auch nicht an das Großherzogtum Toskana, das die Insel dann 1815 nach der zweiten Abdankung des Kaisers zurückbekam.

Aber Napoleon überwindet seine Depressionen rasch. Während er sich zur Abreise rüstet, studiert er in fliegender Eile, ja mit Besessenheit sämtliche Bücher, Berichte, Faszikel und Akten, die ihm Aufschluß über seinen neuen Mini-Staat geben können. Nichts entgeht seinem Blick, er saugt förmlich alle nur erreichbaren Informationen auf, und nach wenigen Tagen schon weiß er mehr von Elba als irgendein Elbaner selbst – was freilich zur damaligen Zeit nicht so viel heißen wollte.

Was erwartet ihn dort – und was, ebenso wichtig – hat die Zwergen-Insel von ihm, dem Goliath, zu erwarten?

III. Das Bild der Insel

Elba ist die bedeutendste Insel des Toskanischen Archipels zwischen Korsika und der italienischen Westküste, vom Festland nur durch den 12 km breiten Kanal von Piombino getrennt. Mit einer Fläche von 223 qkm ist Elba so groß wie die Insel Malta, anderthalbmal so groß wie das Fürstentum Liechtenstein, knapp ein Zehntel so groß wie das heutige Großherzogtum Luxemburg, aber immerhin knapp doppelt so groß wie St. Helena, Napoleons letzte Station.

Landschaft und Wirtschaft

Es ist ein Gebirgsland mit wenigen, damals versumpften Ebenen, überragt vom 1000 m hohen Monte-Capanne-Granitmassiv. Die Küsten sind durch Fels- und Sandbuchten stark gegliedert, und es gibt ein paar gute Häfen. Der Westen ist teilweise von Wald und immergrünem Macchia-Buschwerk bedeckt. Der niedrigere Osten eignet sich für Weinbau und Gartenwirtschaft.

Wichtigste Erwerbsquelle der Insulaner war seit dem Altertum der Eisenbergbau. Nach den dampfenden Erzgruben im Nordosten nannten die Griechen schon die Insel „Aithalia", die Rauchige, und für die Römer war sie dann „Ilva", die Eiserne. Auch hieß Elba einst „Formica", die Ameise, weil ihre äußere Gestalt, mit einiger Phantasie betrachtet, einem solchen Insekt ähnelt. Zu Napoleons Zeit war die Insel dünn besiedelt, sie zählte nur 12 000 Einwohner – heute, da der Tourismus und die Keramik-Industrie neue Erwerbszweige geöffnet haben, sind es etwa 30 000.

Politische Geschichte

Mit den großen Nachbarinseln Korsika und Sardinien teilte Elba in der Geschichte ein wechselvolles politisches Los. Übers Meer kamen seit dem frühen Mittelalter die Eroberer und Verwüster, die mit dem Schwert dreinschlugen: christliche Langobarden und islamische Sarazenen, dann – unter langer pisanischer Herrschaft – immer wieder Mauren, Türken und algerische Seeräuber.

Im 17. Jahrhundert war die kleine Insel gar politisch dreigeteilt; im Süden regierten die italienischen Appiani von Piombino, im Osten die Spanier, im Norden die toskanischen Medici, die allmählich die Oberhand gewannen und die Insel unter ihrer Herrschaft wieder vereinigten. Später setzten sich dort gar, mit Duldung des toskanischen Großherzogs, die Engländer fest, die endlich 1802 unter Napoleons Konsulat im Frieden von Amiens die Insel an Frankreich abtraten.

1805 schenkte Napoleon Elba seiner ältesten Schwester Elisa als Bestandteil ihres kleinen Fürstentums Piombino. Als die energische Elisa sich wenige Jahre später zu einer größeren Herrschaft hinaufdiente, brachte sie die Insel in ihr neues, den Habsburgern weggenommenes „Großherzogtum Toskana" ein – dies war aber, trotz des traditionellen Titels, in Wahrheit nur ein Verwaltungsbezirk des Empire, den Elisa als Präfektin regierte. So wurde Elba 1808 ein Arrondissement, von einem „Sous-Préfet" geleitet, innerhalb des französischen Departements Toskana.

Zeit des Übergangs

Als 1814 Elisa (wie auch ihre regierenden Geschwister anderswo) verjagt und die Toskana von österreichischen Truppen besetzt wird, ist jener Unterpräfekt, ein Monsieur Balbiani, etwas ratlos auf seinem Inselchen in der Hauptstadt Porto Ferraio sitzengeblieben und versucht mehr schlecht als recht, die französische Administration aufrechtzuerhalten. Mitsamt seinen Bürgern und Bauern weiß er nicht so recht, was die politische Zukunft bringen wird: Verbleib bei Frankreich unter dem Kaiser oder unter dem neuen Bourbonenkönig, erneute Besetzung durch England oder (von allen am wenigsten gewünscht) Rückkehr zur Toskana unter dem ungeliebten habsburgischen Großherzog, der in seine alten Rechte wieder eingesetzt worden ist.

Ohne Begeisterung, aber der Not gehorchend, läßt Herr Balbiani zunächst einmal die französische Trikolore einholen und die Lilienflagge der Bourbonen hissen. Der Militärbefehlshaber der Insel, General Dalesmes, hat nur noch eine Garnison von 350 Mann zur Verfügung – ein undisziplinierter Haufen, dessen Reihen sich täglich durch Desertion lichten. Landwirtschaft, Handel und Schiffahrt liegen danieder, die Nachrichtenverbindungen zum Festland sind unterbrochen.

Die Wende

Da plötzlich, Ende April 1814, löst sich die Spannung. Eine Proklamation erscheint, Herr Balbiani läßt Plakate an die Mauern kleben, und die wenigen Elbaner, die lesen können, erzählen den anderen, was darauf steht: „Elbaner! Ich, Napoleon, habe mir Eure Insel wegen der Milde des Klimas und der Sanftmut Eurer Sitten zum Wohnsitz auserwählt. Ich werde Euch regieren. Seid meine guten Kinder, wie ich Euch ein guter Vater sein will!"

Selten so viele abenteuerliche Übertreibungen auf knappem Raum... Milde des Klimas – wo es im Winter feuchtkalt ist und das tyrrhenische Meer eine wilde Bestie sein kann? Sanftmut der Sitten – eines Volkes von Analphabeten, das dumpf und schmutzig vor sich hinlebt, der Blutrache, dem Banditismus, der Inzucht und (weil bis zu sieben Personen in einem Bett schlafen) gewiß auch der Unzucht ergeben ist? Und Wohnsitz einer „Wahl", die Napoleon gar nicht hatte?

Aber was soll es, die Elbaner erwarten ein Goldenes Zeitalter. Sie geraten in einen Freudentaumel und tanzen auf den Straßen. Ein Schiff wird kommen, und das bringt ihnen den Einen und Einzigen, „Napoleone il Grande", von italienischer Herkunft und ihrer Sprache mächtig, den größten Mann der Welt, der jetzt ganz allein und ausschließlich für sie da sein will, der ihre bisher im Schatten der Geschichte vegetierende Insel so berühmt machen wird wie keine andere zuvor.

In der Tat erhalten die Herren Balbiani und Dalesmes die (mißmutige) Order des französischen Königs, Elba an Napoleon zu übergeben, selbst aber mit den restlichen Soldaten und Beamten nach Frankreich zurückzukehren – denn mit Staatspersonal will Louis XVIII. den verhaßten Gegner nicht auch noch unterstützen, und am liebsten hätte er gar den Befehl gegeben, die elbanischen Forts und Kasernen vor der Übergabe in die Luft zu sprengen.

IV. Ankunft im neuen Reich

Napoleon sieht die Lage nüchterner als seine neuen Untertanen. Er hat in Fontainebleau von seiner Garde tränenreichen Abschied genommen und dann – mit kaum mehr als der grünen Obristen-Jägeruniform, die er auf dem Leib trägt – die Kutsche bestiegen, die ihn an die französische Mittelmeerküste zwecks Überfahrt in sein Fürstentum bringen soll. Nur wenige Getreue begleiten ihn, darunter die Generale Bertrand und Drouot sowie der Zivilintendant Peyrusse. Auch fahren zur Kontrolle die Kommissare der alliierten Mächte mit: der österreichische General Koller, der russische General Schuwalow, der preußische General von Truchsess und der englische Oberst Campbell, der auch noch auf Elba als diskreter Aufpasser fungieren soll.

Erste Enttäuschungen

Die Fahrt durch Südfrankreich gerät zum Alptraum und Horrortrip. Die Savoyarden und die Provenzalen sind stramm royalistisch gesinnt, sie gehen auf die Straße, blockieren den Transportkonvoi, wollen Napoleon herausholen und ihn an die Laterne hängen. Der Kaiser versteckt sich, vor Furcht zitternd, in der Ecke seiner Kutsche, zieht zur Tarnung den Uniformmantel des Generals Koller an, verkleidet sich einmal sogar als Postillion – stets hat ihm ja die feindliche Haltung einer „Masse Mensch" panisch-körperliches Entsetzen eingejagt.

Mühsam gelangt man zum Hafenort St. Raphael. Dort wird Napoleon von zwei Fregatten erwartet, der französischen „Dryade" und der britischen „Undaunted". Und hier schon wird der Vertrag von Fontainebleau zum ersten Mal einseitig verletzt. Statt der Korvette, die Napoleon nach Artikel XVI zustehen soll, gibt ihm die französische Regierung nur eine dürftige Brigg, die „Inconstant", ein 200-Tonnen-Schiffchen, das die 18 Kanonen, mit denen es später bestückt wird, kaum tragen kann.

Napoleon gerät in ohnmächtigen Zorn und beschließt, lieber unter dem englischen Union Jack als unter der bourbonischen Lilienflagge nach Elba zu segeln. Er besteigt die „Undaunted". Die „Dryade" soll mit der „Inconstant" folgen, aber widrige Winde verzögern die Überfahrt, die ganze fünf Tage dauert.

Die neue Staatsflagge

Napoleon nutzt die Seereise, um erste Befehle und Dekrete zu diktieren. Er, der sich um alles kümmert, entwirft auch sofort die neue Flagge des Fürstentums Elba. Zum Erstaunen aller nimmt er als Muster die alte toskanische Medici-Fahne, die er eigenwillig verändert – ein karminroter Diagonalstreifen, mit drei goldenen Bienen besetzt, auf weißem Grund.

Und er weiß, wie Herrschaft etabliert werden muß. Kaum hat das Schiff die Reede von Porto Ferraio erreicht, da muß General Drouot mit dem Beiboot an Land fahren, den herbeigeeilten Honoratioren der Stadt ein Muster der Flagge übergeben und anordnen, sie sei bis zum nächsten Tag Punkt 16 Uhr in so vielen Exemplaren herzustellen, daß die Fahnen auf allen Mauern und Türmen zu wehen hätten – dann, und erst dann, werde der Kaiser von seinem Fürstentum Besitz ergreifen.

Das technisch fast Unmögliche gelingt. Genau zur festgesetzten Stunde betritt Napoleon am 3. Mai elbanischen Boden. Zuvor hat er an Bord des Schiffes nur einen Menschen aus Elba empfangen, nicht den General und nicht den Unterpräfekten, auch nicht den bischöflichen Generalvikar, sondern den Gerichtspräsidenten Baccini. Das zeigt wieder, welch hohen Respekt der Kaiser stets der Justiz entgegengebracht hat.

Die Hauptstadt steht kopf

Das Volk ist zusammengelaufen. Die Kanonen der englischen Fregatte und der beiden Forts Stella und Falcone schießen 21mal Salut, der Rest der französischen Garnison tritt an und präsentiert die Gewehre. Bürgermeister Traditi überreicht dem Kaiser mit artigem Kratzfuß die Stadtschlüssel von Porto Ferraio auf samtenem Kissen. Incipit comoedia elbana – in Wirklichkeit sind es die Schlüssel vom Weinkeller des Herrn Bürgermeisters, die man in aller Eile vergoldet hat... Nachdem Traditi seine unbeholfene Ansprache heruntergestottert hat, gibt Napoleon ihm die Schlüssel zurück mit der elegant-witzigen Bemerkung: „Bei Ihnen, Signore il Sindaco, sind sie in den besten Händen."

Der Festzug setzt sich in Bewegung. Der Kaiser wird unter einem Baldachin mit seinem Gefolge in die Hauptkirche des Städtchens geführt. Generalvikar Arrighi mit seinem Klerus zelebriert ein Tedeum – und erstmals, seit sie in Notre Dame de Paris wie in ganz Frankreich verboten ist, erschallt hier wieder die Gebetsformel: „Domine, salvum fac Imperatorem."

Ein Schlüssel-Erlebnis

Das Mittelmaß folgt dem Talmiglanz auf dem Fuß. Wo soll Napoleon seine erste Nacht auf der Insel verbringen? Mit aller Hast hat man ihm ein Appartement im Rathaus freigemacht und es notdürftig möbliert. Aber Napoleon, empfindlich gegen alle äußeren Einflüsse, kann da kein Auge zutun. Das Rathaus liegt direkt an der illuminierten Piazza Grande, wo die Elbaner begeistert weiter feiern und Krach schlagen. Ohnehin ist in diesem Zentrum von Porto Ferraio tags- und auch nachtsüber Lärm genug.

Man kann das Schlafzimmer nicht richtig verdunkeln, und im Morgengrauen hat Napoleon das erste Schlüssel-Erlebnis seiner Regierung: es beginnt infernalisch zu stinken, denn mangels Latrinen und mangels jeglicher Kanalisation leeren die Anwohner des Platzes (wie auch sonst allerorten) ihre gefüllten Nachttöpfe unbekümmert zum Fenster hinaus auf die Straße.

Activité, vitesse! Das ungeduldige Schlagwort, mit dem der junge Artilleriehauptmann Bonaparte einst seine Karriere startete, wird wieder das Motto des Fürsten von Elba, in der Mitte seiner vierziger Jahre, und es lautet nun: Reform, Reform! Er beginnt schon früh am 4. Mai und fällt über die verschlafene Insel her wie ein Wirbelwind – keinen Gedanken faßt er, der nicht sogleich zur Tat würde.

Budget und Staatskasse

Zunächst macht er Kassensturz, mit miserablem Ergebnis. Zwar hat er einen Geldbetrag von knapp vier Millionen Franc mitnehmen können, aber davon sind jetzt schon 200 000 Franc für Reisekosten und die ihm auferlegten Gebühren des Vertrages von Fontainebleau draufgegangen. Den größeren Rest will er als Kriegsschatz für die Inselverteidigung und als eiserne Reserve für den Notfall zurückhalten und vorerst nicht angreifen (bald muß er es doch tun).

In den öffentlichen Kassen von Elba findet er nur den kümmerlichen Betrag von ganzen 3500 Franc. Er stellt fest, daß die 12 000 Elbaner noch insgesamt 500 000 Franc aus früheren Jahren als Steuerrückstände schulden. Die gehören von Rechts wegen nicht ihm, sondern noch dem französischen Staat. Aber darüber setzt er sich hinweg und weist die Ortsbürgermeister an, diese Beträge rücksichtslos einzutreiben und abzuführen. Der Erfolg wird gering sein.

Dann rechnet er sich aus, daß die Revenuen der Insel jährlich etwa

250 000 Franc betragen sollten, falls es gelingt, Wirtschaft und Handel wieder in Schwung zu bringen. Dazu schätzt er, daß sein fürstliches Domanium – das sind die Einkünfte aus dem Bergbau, aus den Salinen und dem Thunfischfang – noch einmal 350 000 Franc ausmachen sollten. Im übrigen glaubt er noch an die von Frankreich geschuldete Jahresrente von zwei Millionen Franc – eine Hoffnung, die sich nie erfüllen wird.

Auf dieser höchst unsicheren, wenn nicht fiktiven Grundlage kalkuliert er sein Staatsbudget. Aber zunächst braucht er Bargeld.

Der Bergbau als Domanium

Das einzige, was bei seiner Ankunft auf Elba noch floriert, sind die Eisenminen in Rio Marina. Gleich am 4. Mai besucht er zu Pferd den Bergwerksdirektor Pons d'Herault. Die Arbeiter stehen für ihn Ehrenspalier mit geschulterten Spitzhacken. Aber schon wieder wird er mit einem juristischen Problem konfrontiert, das er diesmal sogar selbst geschaffen hat: als Kaiser hat er sämtliche elbanischen Minen-Einkünfte der französischen Ehrenlegion, einer öffentlich-rechtlichen Körperschaft, als „ewiges Eigentum" zugewiesen.

Pons d'Herault, ein wackerer Ehrenmann, empfängt ihn kühl, verweist ihn auf dieses rechtliche Faktum und weigert sich, ihm auch nur die Einkünfte des Vorjahres, 200 000 Franc in bar, herauszugeben. Napoleon vertritt den Standpunkt, alle französischen Regierungseinkünfte gehörten nunmehr ihm als neuem Souverän. Pons d'Herault bestreitet das: nein, sie gehörten der Ehrenlegion. Es kommt zum hitzigen Streit. Napoleon brüllt: „Ich bin immer noch der Kaiser!" Pons d'Herault erwidert unbeeindruckt: „Und ich, mein Herr" – er wagt es tatsächlich, Napoleon mit „Monsieur" anzureden – „ich bin immer noch Franzose".

Unverrichteter Dinge und mit hochrotem Kopf muß Napoleon für diesmal abziehen. Aber blitzartig beweist er nun wieder die hohe Kunst der Anpassung, die ihm so oft geholfen hat, schwierige Lebenssituationen zu überwinden. Wenige Tage später besucht er Pons d'Herault ein zweites und dann noch ein drittes Mal. Er hat sein Benehmen völlig geändert. Er kommandiert nicht mehr, sondern er konversiert. Es gelingt ihm, den biederen Eisenhüttenmann so zu bezirzen und zu faszinieren, wie er einst Goethe und Wieland, den russischen Zaren und den König von Sachsen bezaubert, wie er Kardinäle und Marschälle eingewickelt hat – immer mit denselben, durchaus nicht unaufrichtigen Methoden seines Genius: dem charmanten Geplauder und der dosierten Schmeichelei, aber auch dem vertieften Fachgespräch auf welchem Gebiet auch immer – insgesamt mit dem Naturtalent, stets anzuregen, niemals langweilig zu sein.

Enfin, Pons d'Herault ist überwältigt, und das drückt er in seinen Memoiren selbst so aus: „Der Kaiser hat mich nicht besiegt, aber ich habe mich ihm ergeben." Von Stund' an wird er ein glühender Parteigänger Napoleons. Er stellt ihm nicht nur in den folgenden Monaten alle Minen-Einnahmen zur Verfügung und bringt die Eisenförderung auf Hochtouren, sondern begleitet ihn auch später in das Abenteuer der Hundert Tage, wird Ritter der Ehrenlegion und zieht sich nach dem endgültigen Sturz des Kaisers trauernd ins Privatleben zurück.

Das Mirakel Napoleons erweist sich auch im Exil als ungebrochen. Finanziell ist er nun flüssig, jedenfalls für die ersten Wochen.

Die Villa Mulini

Inzwischen sucht Bürgermeister Traditi mit seinen Beigeordneten Lorenzini und Squarci fieberhaft nach einer passenden Wohnung für seinen Fürsten. Napoleon entscheidet sich für den Palazzo Mulini, ein altes, halbverfallenes Gemäuser, aber hoch und strategisch günstig am Felsenrand von Porto Ferraio gelegen, mit herrlichem Blick über Hafen und Meer. Im Fall einer nötigen Flucht kann man von dort aus das Innere der Insel erreichen, ohne die Stadt passieren zu müssen. Seit dem Beginn des Wiener Kongresses und bis zum Ende seines elbanischen Aufenthalts lebt Napoleon in der Sorge, die Bourbonen oder die Österreicher könnten ihn von See aus angreifen, um ihn zwangsweise in ein entfernteres Exil zu deportieren oder ihn gar zu ermorden.

Noch während die Villa Mulini rund um die Uhr repariert, renoviert und durch Anbauten vergrößert wird – erst im September ist alles komplett fertiggestellt – zieht Napoleon schon zwei Wochen nach seiner Ankunft dort ein und überwacht persönlich die Arbeiten des Chefingenieurs Bargigli. In der neuen Residenz läßt er sich, weil er den französischen Regierungstruppen mißtraut, vorerst von englischen Matrosen der Fregatte „Undaunted" bewachen.

Die Garde kommt zum Kaiser

Am Morgen des 26. Mai ertönt der Freudenruf: „Sie kommen!" Das ist der wohl glücklichste Tag in Napoleons kurzer Regierungszeit auf Elba – denn die da über das Meer kommen, wieder von englischen Schiffen übergesetzt, das sind die Freiwilligen seiner Alten Garde, die sich entschlossen haben, zu ihm zu kommen, um sein Exil zu teilen.

Was heißt „Freiwillige"! Fast alle Überlebenden „vieux grognards", die alten Brummbären seiner Elitetruppe, haben sich dazu gedrängt, nach Elba zu gehen. Sie stürmen die Registrierungs-Büros des Generals Friant, der eine Auswahl treffen muß, denn Artikel XVII des Vertrags von

18

Fontainebleau beschränkt ihre Zahl auf 400. Widerwillig läßt sich die französische Regierung herbei, endlich doch 600 Männern die Ausreise zu gestatten. Unter dem Kommando des Garde-Generals Cambronne (der später bei Waterloo das berühmte Wort „Merde" ausstoßen wird, als er kapitulieren soll) haben sie sich auf den beschwerlichen, sechs Wochen langen Fußmarsch zur Küste begeben – mit Handwaffen und Kanonen, mit Pferden und Bagagewagen, die Feld-Trikoloren mit den kaiserlichen Adlern vorneweg. Es begleiten sie auch, mit Fähnlein an den Lanzen, 120 polnische Ulanen unter dem Obristen Germanowski.

Auf alles haben diese Männer verzichtet: auf Frauen, Kinder und Familienleben, auf regulären Dienst in der königlich-französischen Armee, auf Beförderung und Karriere. Es sind die kampferprobten Übriggebliebenen der Schlachten von Rivoli und Jena, von Austerlitz und Wagram, von Friedland und Borodino. Viele von ihnen sind, obwohl dem Mannschafts- oder Korporalstand angehörig, Ritter der Ehrenlegion – jenes so herrlichen demokratischen Ordens, der erstmals in der Staatengeschichte nicht nur Offizieren, Patriziern und Adligen vorbehalten war, den jeder leistungswillige Soldat und Bürger sich verdienen konnte.

Von Geographie haben die „Grognards" nur eine nebelhafte Vorstellung. Doch als man sie fragt, ob sie denn wüßten, wo die Insel Elba liege, da antwortet einer von ihnen: „Wir wissen nicht, wohin es geht. Aber wir gehen zum Kaiser, und das genügt uns."

Nun also sind sie da. Sie weinen vor Glück, und ihr Kaiser weint auch, umarmt viele von ihnen, redet sie kraft seines phantastischen Gedächtnisses mit Namen und Spitznamen an, erinnert sie an gemeinsame Taten. Dann nimmt Napoleon auf dem Rathausplatz, nun auch „Piazza d'Armi" oder „Piazza della Guardia" genannt, ihre festliche Parade ab, und wieder steht die ganze Hauptstadt vor Freude kopf. Der Spott der Mißgünstigen über das Kleinkarierte muß hier schweigen. Wenn es vom Erhabenen zum Lächerlichen nur ein Schritt ist, wie man ja sagt, dann gilt dies aber auch umgekehrt: das Ideal fegt Enge und Dürftigkeit hinweg, aus der Miniatur wächst noch einmal, so gegenwärtig wie spirituell unzerstörbar, der Ruhm des Empire, der Geist Frankreichs empor.

V. Ein Kleinstaat wird organisiert

Schon am nächsten Tag wendet sich Napoleon wieder der nüchternen Aufgabe zu, seinen Staat zu organisieren. Er setzt gewiß Prioritäten: zunächst die Einrichtung des Hofes und der allgemeinen Verwaltung, die Gewährleistung äußerer und innerer Sicherheit, dann Hygiene und

Sozialwesen, auch Erziehung und Bildung, endlich die Erschließung neuer Steuerquellen durch Förderung von Handel und Landwirtschaft. Aber im Grunde – sonst müßte er nicht Napoleon sein – packt er alle diese Dinge gleichzeitig an, voller Ungeduld, mit einer und derselben, oft furchterregenden Energie.

Für 80 000 Franc wird die Villa Mulini zu einem Zwerg-Hof nach Vorbild der Tuilerien umgestaltet. Sie verfügt nun über 30 Zimmer, von denen die meisten leider verzweifelt klein sind. Hier etabliert sich der Kaiser mit seinem Hofstaat, mit den höheren Offizieren und Beamten, aber es wird auch je ein Appartement für Madame Mère Letizia und für die Kaiserin Marie Louise reserviert, denn die baldige Ankunft beider Damen (nur eine wird kommen) erwartet man sehnsüchtig. Im ersten Stock der Villa läßt Napoleon einen großen Salon für Bälle und Empfänge einrichten. Ferner gibt es einen Theatersaal für Operetten und Kammer-spiele. Vor den Parterrefenstern wird ein entzückendes Gärtchen im toskanischen Stil mit Palmen, Zypressen, einem Springbrunnen und einer Minerva-Statue angelegt.

Juristische Handstreiche

Das erforderliche Meublement für dies alles verschafft sich Napoleon mit einem Handstreich, der wieder ebenso genial wie juristisch anfechtbar ist. Er schickt einen zivilen Furier mit ein paar kräftigen Packern zum Festland nach Piombino und läßt den dortigen Palazzo ausräumen, in dem einst Schwester Elisa residiert hatte, ehe sie nach Florenz umzog. Der österreichische General Starhemberg, der auch diesen Teil Italiens besetzt hält, reklamiert die Möbel als Eigentum des toskanischen Groß-herzogs – was der Rechtslage entsprochen haben dürfte. Aber dann läßt er sich übertölpeln und mit einer Quittung abspeisen, die der Furier ihm gibt „für alle Gegenstände, die er auf Rechnung Seiner Majestät des Kaisers Napoleon mitgenommen hat".

Das gesamte Inventar samt Fußböden, Kaminen und Jalousien wird demontiert und per Schiff nach Elba verfrachtet – „damit es", wie Napoleon grinst, „wenigstens in der Familie bleibt".

Seine Umgebung wird aus den beschlagnahmten Beständen des franzö-sischen Militärmagazins eingekleidet. Die mangelnde Equipierung für sich selbst beschafft er, diesmal wohl rechtlich korrekter, durch private Gebote bei der zollamtlichen Versteigerung der Ladung eines britischen Handelsschiffs. Aus der so erworbenen Baumwolle läßt er Uniformröcke, Hosen und Hemden schneidern. Denn auch die Garde hat ihrem Kaiser nur wenige Privatgegenstände mitbringen können: eine kleine Handbi-bliothek, seinen silbernen Waschtisch mit goldenem Necessaire, ein paar

Leuchter und Porträtbilder, einige Schnupftabakdosen, nicht zuletzt sein legendäres Feldbett.

Die Hofhaltung

Um die Elbaner und fremde Besucher beeindrucken zu können, ist aber Prachtentfaltung vonnöten. Für den mediterranen Menschen gilt der unerbittliche Grundsatz des „fare bella figura" – allezeit Staat machen, denn wer nichts vorzeigt, der gilt auch nichts.

So wird die „Maison Impériale" mit einem Personal ausgestattet, wie es eben dem Kaiser gebührt. Es gibt zwei Palastpräfekten, die zahlreiche Domestiken befehligen: 19 Diener für den Zimmerdienst, 13 für die Küche, für Keller und Tafel, fünf für das Mobiliar, 22 für den Stalldienst, vier für die Musik und zwei für den Garten. Ein Docteur de Beauregard (eigentlich nur gelernter Veterinär) wird Leibarzt, und ein Signore Gatti, Pillendreher von dürftigem Zuschnitt, darf sich „Hofapotheker" nennen. Zwei Italiener werden Hofarchitekten.

Vier Kammerherren-Stellen sind eingeborenen Elbanern – das heißt, ihrer hauchdünnen Oberschicht – vorbehalten, zwei davon bekommen die Bürgermeister Traditi und Gualandi, um sie an die neue Herrschaft zu binden. In den Stallungen stehen sieben von der Garde gerettete Pferde Napoleons, darunter der hochberühmte „Intendant", und nicht weniger als 27 Kutschen. Für seinen persönlichen Dienst bestimmt der Kaiser zwei Sekretäre und sieben Ordonnanzoffiziere.

Hinter diesem Schleier des schönen Scheins verbirgt sich aber die ernsthafte Arbeit keineswegs. In wenigen Tagen wird der neue öffentliche Dienst installiert, und nach wenigen Wochen funktioniert er bereits.

Verwaltung und Justiz

General Bertrand, ein gelernter Ingenieur, wird zum Innenminister des Staates berufen. Unterpräfekt Balbiani hat es abgelehnt, nach Frankreich zurückzukehren. Er tritt in Napoleons Dienst und wird, als eine Art Staatssekretär, leitender Beamter des Innenministeriums. Als solcher ist er Bertrands rechte Hand und ihm unmittelbar unterstellt. Das ist eine glückliche Wahl, denn Balbiani kennt aus seiner bisherigen Tätigkeit die elbanischen Verhältnisse recht genau, während Bertrand sich erst einarbeiten muß.

Da aber Elba nun kein Teil eines französischen Departements mehr ist, muß Balbiani seine Dienstbezeichnung „Sous-Préfet" aufgeben. Napoleon ernennt ihm zum „Intendanten" der allgemeinen Verwaltung – womit er interessanterweise einen Titel wiederbelebt, den die Chefbeamten der französischen Provinzen unter dem Ancien Régime der Königszeit führten, und den Napoleon selbst durch den (bis heute existierenden) Departement-Präfekten ersetzt hatte.

Die zwölf Ortsbürgermeister und eine gleiche Zahl von Friedensrichtern ressortieren direkt vom Innenministerium. Napoleon beläßt zunächst die vorgefundenen lokalen Beamten auf ihren Posten; später, als er Unfähigkeit bei einigen erkennt, wechselt er diese von einem Tag zum anderen aus. Eine Mittelinstanz erscheint wegen der Kleinheit der Insel entbehrlich; Napoleon, dem naturgemäß an straffer Zentralisierung gelegen ist, läßt sich auch durch die Wünsche elbanischer „Regionalisten" nicht bewegen, eine solche einzurichten. Diese Entscheidung spart Kosten und ist durchaus vernünftig (sie wäre es auch in der Gegenwart, denn die heute vergleichbaren europäischen Kleinstaaten Liechtenstein, Monaco, Andorra, San Marino und selbst Malta verzichten mit gutem Grund auf Mittelinstanzen, die erst in etwas größeren Ländern wie Luxemburg – als „Distrikte" – und Island – als „Syssel" – wieder vorkommen).

Dem Innenminister untersteht auch die von dem verläßlichen Korsen Poggi kommandierte Polizei, die – mitsamt den örtlichen Gendarmen – etwa 50 Köpfe zählt.

Unter dem Vorsitz Bertrands fungiert ein Staatsrat, dem folgende „Direktoren" angehören: der fähige Peyrusse (er sagt ironisch von sich selbst: „Ich bin nicht der Kaiser, aber ich bin seine Kasse") für die Finanzen, Lapi für Domänen und Forsten, Raoul für die Landwirtschaft, Lombardi für Straßen- und Brückenbau sowie Leibarzt de Beauregard für das Gesundheitswesen. Von den Leistungen dieser Ressorts wird noch die Rede sein.

Der Neuaufbau der Justiz entspricht hingegen ganz dem großen Vorbild des Empire. Der Mangel an Staatspersonal zwingt Napoleon allerdings, vom Prinzip der Gewaltenteilung, das er als Kaiser stets peinlich beachten ließ, in einem wichtigen Punkt abzuweichen. Der unersetzliche Herr Balbiani wird, neben seiner Funktion als Verwaltungsintendant, zugleich Präsident des erstinstanzlichen Gerichts (Tribunal d'Instance), womit er gewiß das arbeitsreichste Doppelamt im öffentlichen Dienst ausübt.

Es gibt ferner ein Berufungsgericht (Cour d'Appel) und als höchste Instanz den Kassationsgerichtshof (Cour de Cassation), der dem tüchtigen Juristen Baccini anvertraut wird. Für Marktwesen und Schiffahrt wird auch ein Handelsgericht (Cour de Commerce) eingerichtet.

Heer und Nationalgarde

Der wohl wichtigste Mann im Staat nächst dem Kaiser ist aber General Drouot, der zum Militärgouverneur der Insel ernannt wird und für die äußere Sicherheit verantwortlich ist. Der Junggeselle ist ein kantiger Troupier, fromm und bibelfest, etwas schüchtern und leicht lispelnd, aber seinem Kaiser bis zum Tod ergeben. Die Mini-Armee, die er befehligt, besteht zunächst nur aus den 600 Männern der Alten Garde und den 120 polnischen Ulanen. Da Artikel XVII des Vertrags von Fontainebleau sich aber nur auf die Zahl jener Soldaten bezieht, die den Kaiser „begleiten" dürfen, macht Napoleon sich geschickt diese juristische Lücke zunutze – es gibt kein ausdrückliches Verbot, den Truppenbestand an Ort und Stelle nachträglich zu vermehren.

Seinem dringlichen Appell an die französische Garnison folgen leider nur 50 Leute, meist Korsen, die freiwillig auf der Insel bleiben und nun pompös als „korsisches Bataillon" bezeichnet werden. Napoleon entsendet heimlich auch Werber nach Italien und nach Korsika, die mit hohem Sold und rascher Beförderung locken. Auch hier ist der Erfolg gering. Nur etwa 200 Ausländer treten in elbanische Dienste und heißen dann „Fremdenbataillon".

Mehr Resonanz findet die Werbung für eine elbanische „Nationalgarde" auf der Insel selbst. Hier melden sich 400 Männer, die in prächtige Monturen gesteckt werden. Für den Offiziersnachwuchs gründet Napoleon sogar, nach dem Muster der Pariser „École Polytechnique", eine winzige Kadettenanstalt, die freilich in den wenigen Monaten ihres Bestehens nie mehr als sechs Aspiranten zählte.

So umfaßt das Heer unter Drouots Kommando einen bunt gewürfelten Haufen von knapp 1400 Soldaten, deren Kampfkraft und Zuverlässigkeit höchst unterschiedlich zu bewerten ist. Kriegserfahren und absolut vertrauenswürdig sind nur die „Grognards" und die Polen. Ihnen werden die wichtigsten strategischen Aufgaben, insbesondere die festen Plätze Porto Ferraio und Porto Longone (heute Porto Azzurro) anvertraut; General Cambronne befehligt die Garnison der Hauptstadt. Aber auch in sämtlichen Dörfern wird je ein „Grognard" als Aufseher und polizeilicher Hilfsbeamter stationiert. Die übrigen Soldaten werden für inwendige Schutzdienste und für die Küstenbewachung herangezogen wie auch zu öffentlichen Bauarbeiten verwendet.

Die skurrile Armada

Ein Inselstaat braucht aber nicht nur eine Landarmee, sondern auch eine Marine – für die Außenverteidigung, den Schutz des überseeischen Handels und die sichere Verbindung zum Kontinent. Hier fällt es wahrhaft schwer, keine Komödie zu schreiben. Die kümmerliche Brigg „Inconstant", von der französischen Regierung übergeben, ist geborenes „Flaggschiff", weil sie zunächst ohnehin die einzige schwimmende Einheit ist. Durch Ankauf, Beschlagnahme und Umrüstung gewinnt Napoleon weitere Schiffchen hinzu: ein armiertes Ponton-Boot, das man bei Bedarf an Land ziehen und notfalls über eine nasse Wiese fahren kann, einige Barkassen, Feluken und Schaluppen sowie drei Ruderboote, auf denen Segel gesetzt werden können. Bald umfaßt die elbanische „Kriegsflotte" neun Einheiten mit 130 Matrosen, von denen allein die Hälfte auf der Brigg Dienst tut.

Für seine skurrile Armada findet Napoleon nach verzweifelter Suche einen „Admiral" in der Person des Monsieur Taillade, ein überalterter Marinefähnrich, der es nicht einmal zum Schiffsleutnant gebracht hat, aber der einzige Seeoffizier ist, den man in Elba auftreiben kann. Der nun jählings zum „Capitaine de vaisseau" beförderte Taillade leidet unter Seekrankheit. Das wäre nicht so schlimm gewesen, denn daran litt selbst der große Nelson. Aber er ist auch ebenso dumm wie eitel, ein totaler Nonvaleur, der von Schiffsführung, Navigation und maritimer Kriegskunst keine Ahnung hat. „Von zehn Fehlern, die er macht, kann ich immer nur einen bestrafen", seufzt Napoleon.

Ja, man könnte lachen. Der Wiener Kongreß, von dem mißtrauischen englischen Colonel Campbell über Napoleons Aufrüstung informiert, hat auch gelacht – aber zu früh. Es werden just diese jämmerlichen Boote sein, mit denen der Kaiser in naher Zukunft nach Frankreich zurückkehren und einen erneuten Triumphzug beginnen wird.

Der Staat wird vergrößert

Schon vorher aber beweist Napoleon, daß es auch zur See allemal der Geist ist, der sich den Körper baut. Denn mit Hilfe der Flotte macht er die einzige Eroberung, die ihm selbst als „Fürst von Elba" noch gelingt: er vergrößert sein Staatsgebiet.

Die Miniaturen setzen sich fort. Als Napoleon auf dem Gipfel des Monte Capanne steht und rundum schaut, entfährt ihm der Klageruf: „Wie klein ist doch meine Insel!" Aber dann entdeckt er mit dem Teleskop ein noch kleineres Eiland, mit 30 qkm nur ein Achtel so groß wie Elba, südlich in 15 km Entfernung gelegen. Es ist das Inselchen Pianosa, dreieckförmig und tischflach, wie der Name besagt. Zu altrömischer Zeit war es ein fruchtbares Paradies mit Weizenfeldern und Weinspalieren, mit Villen, Thermen und Tempelchen. Später wurde Pianosa von Piraten verwüstet. Jahrhundertelang blieb es unbewohnt, wurde nur auf dem Papier von der Toskana und dann 1802 von Frankreich beansprucht.

Napoleon studiert Land- und Seekarten und alte Verträge. Er erkennt, daß Pianosa im völkerrechtlichen Sinn „terra nullius" ist, jedenfalls als

24

derelinquiert gelten muß, daß hier auch keinerlei tatsächliche Herrschaft ausgeübt wird, die seiner Okkupation und Annektion im Weg stehen könnte (wiederum läßt der Wiener Kongreß ihn stillschweigend gewähren). Er unternimmt mit der „Inconstant" eine Erkundungsfahrt. Dann ergreift er Besitz von der Insel und legt ein Militärdetachement von 100 Mann dorthin. Einen Major namens Gottmann, einen Elsässer, ernennt er zum „Gouverneur von Pianosa".

Das Projekt Pianosa

Er schmiedet Pläne, die ihn selbst nächtelang erregen. Zur Kornkammer seines Reiches will er das Inselchen entwickeln und nicht weniger als hundert Bauernfamilien dort ansiedeln. Als Merkantilist auf den Spuren Colberts schließt Napoleon einen Vertrag mit einem genuesischen Handelsmann. Der soll sich in privater Regie um die landwirtschaftliche Entwicklung der Staats-Dependance, um Getreideanbau und Rinderzucht kümmern, und er muß sich verpflichten, alle Naturalerträge nur an Elba zu verkaufen.

Das Projekt war grandios, aber nach wenigen Monaten war es praktisch gescheitert. Es fanden sich kaum Elbaner, die freiwillig die harte Pionierarbeit der Rekultivation auf sich nehmen wollten. Nicht einmal die versprochene temporäre Steuerfreiheit konnte sie locken. Die Soldaten selbst packten an und taten ihr Bestes, aber allein bewältigten sie das Planziel auch nicht. Gouverneur Gottmann erwies sich als unfähig und mußte disziplinarisch gemaßregelt werden, weil er einige Soldaten verprügelt hatte. Sein Nachfolger Pisani, ein Medizinalbeamter, konnte sich gegen das mißvergnügte Militär nicht durchsetzen; ein Geistlicher, der ihm als „Garnisonpfarrer" beigegeben wurde, richtete ebenfalls nichts aus.

So sank Pianosa nach Napoleons Weggang wieder in Vergessenheit. Es kam in den Besitz Toskanas und dann des italienischen Staates. Heute ist es ein großes Freiluft-Gefängnis, in dem lebenslange Häftlinge des elbanischen Zuchthauses von Porto Azzurro halbwegs freizügige Sommer-Aufenthalte mit leichter Feldarbeit verbringen. Den Touristen, die auf dem Transportschiff bis zur Reede mitfahren dürfen, ist leider der Landgang verwehrt.

Die Sommerresidenz

Inzwischen ist der heiße elbanische Sommer hereingebrochen, und Napoleon schwitzt in der stickigen Luft der Villa Mulini. Auf der Suche nach einem Landsitz für diese Jahreszeit entdeckt er ein liebliches, bewaldetes und wasserreiches Tal, nur sechs Kilometer von Porto Ferraio entfernt. Er kauft dort von einem Herrn Manganaro ein Areal, wofür

Domänendirektor Lapi 180 000 Franc zahlen muß. Unter Benutzung der Grundmauern eines vorgefundenen Bauernhofs läßt Napoleon die „Villa San Martino" errichten. Der geräumige Empfangssaal wird mit Fresken geschmückt, die den ägyptischen Feldzug darstellen.

Höchstpersönlich und eigenhändig malt der gestürzte Kaiser auf eine Wand neben dem Hauptportal die rätselhaften Worte: „Ubicumque felix Napoleo" – überall kann Napoleon glücklich sein. Es wird wohl für immer ein historisches Geheimnis bleiben, ob er sich wirklich resignierend zum „Glück im Winkel" seines Exils bekennen – oder nur raffiniert die gesamte Umwelt täuschen wollte...

Das „Museum San Martino" besichtigt der Tourist heute so, wie die Villa von ihrem späteren Eigentümer umgestaltet worden ist, dem Prinzen Demidoff, geschiedenem Ehemann der Prinzessin Mathilde Bonaparte, einer Tochter des Napoleon-Bruders Jerome.

Ein Tag im Leben des Kaisers

Die Zeit zu einem geruhsamen Leben nimmt Napoleon sich freilich weder in San Martino noch in der Villa Mulini. Sein Arbeitstag auf Elba läuft meist in folgender Weise ab.

Um 3 Uhr morgens steht er auf, rasiert sich eigenhändig, läßt sich von Kammerdiener Marchand ankleiden und trinkt ein Täßchen Espresso-Kaffee. Dann diktiert er Befehle, liest Rapporte und Zeitungen. Um 7 Uhr ißt er ein gebuttertes Brötchen und ein paar Weintrauben als karges Frühstück. Es folgt ein kurzer Spaziergang im Garten und nochmals ein zweistündiger Schlaf. Kurz nach 9 Uhr beginnt das auswärtige Tätigsein wie ein Perpetuum mobile – zu Pferd oder per Kutsche bewegt sich Napoleon rastlos auf seiner Insel hin und her. Er besichtigt öffentliche Arbeiten, die Landschafts-Meliorationen und den Straßenbau, besucht Ortschaften, Märkte, Fischfangplätze und Garnisonen. Kein Beamter oder Offizier kann sicher sein, daß der Kaiser nicht urplötzlich neben ihm auftaucht, ihm auf die Finger sieht, oft auch auf die Finger klopft.

Diese Inspektionen dauern bis 13 Uhr, dann wird die Mittagshitze selbst für Napoleon unerträglich. Das frugale kalte Dejeuner – ein Stück Käse oder ein Hühnerschenkel, bisweilen zwei Eier, begleitet von einem mit Wasser verdünnten Glas Chambertin – läßt Napoleon manchmal ausfallen, aber er verzichtet nie auf das tägliche Bad in der Wanne. Danach gibt er Audienzen und diktiert wieder seinen Sekretären. Alle Dekrete und Verordnungen erläßt er als „Napoleon, Kaiser, Souverän der Insel Elba". Die nach dem Vertrag von Fontainebleau korrekten Bezeichnungen „Fürst" und „Fürstentum" hat er wohl als herabsetzend empfunden und nie gebraucht.

Nach 16 Uhr unternimmt er – um sich aufzumöbeln („pour se défati-
guer"), wie er selbst sagt – noch einen scharfen Ausritt im Galopp durch
die Landschaft. Gegen 17 Uhr nimmt er mündliche Berichte entgegen.
Das Diner, bei dem es streng zeremoniell zugeht, nimmt er im Kreis
seiner Generale und Chefbeamten um 18 Uhr ein. Wenn, wie häufig,
Gäste geladen sind, folgt ein Kartenspiel, wobei Napoleon gern mogelt,
oder es wird geplaudert und musiziert, später im Winter gibt es auch
private Theateraufführungen. Um 21 Uhr zieht Napoleon sich zurück
und widmet sich der Arbeitslektüre, dem Studium von Plänen und neuen
Projekten. Erst um 23 Uhr legt er sich auf sein Feldbett zur kurzen
Nachtruhe, die dann nur vier Stunden dauern wird.

Ein Tag im Leben des Kaisers auf Elba – und was nicht alles geschieht
in solchen 24 Stunden!

VI. Die Leistung für Volk und Umwelt

Was diese zehnmonatige Regierungszeit für Elba und die Elbaner
bedeutet, ist näherer Betrachtung wert, zumal viele Leistungen die kurze
Epoche, in der sie erbracht wurden, überdauert haben. Selbst heute
würde Elba ohne seine napoleonische Ära ganz anders aussehen.

Der Straßenbau

Um sich und andere bewegen zu können, braucht Napoleon zunächst
Straßen. Als er Elba betritt, gibt es außerhalb von Porto Ferraio nur zwei
ungepflasterte Karrenwege, die von der Hauptstadt nach Procchio und
nach Porto Longone führen. Zwischen den Dörfern besteht, abgesehen
von kaum begehbaren und schon gar nicht befahrbaren Maultierpfaden,
keinerlei Verbindung. Napoleon entwirft einen Generalverkehrsplan nach
dem Muster der Kaiserstraßen des alten Rom und des eigenen Empire.
Ein nicht geringer Teil davon wird ausgeführt; das heutige elbanische
Straßennetz beruht immer noch auf dieser Struktur. Die Gardisten werden zum Wegebau kommandiert, und auch in den heißen Monaten Juli/
August darf die Arbeit nicht ruhen.

Die Karrenwege werden gepflastert, die wichtige Nord-Süd-Achse von
Procchio nach Marina di Campo wird hergestellt, ebenso die schwierigen
Bergstraßen von Poggio nach Marciana Marina und von Porto Longone
über Rio nell'Elba zur Nordostspitze der Insel nach Cavo. Erstmals
werden die Straßen auch klassifiziert; diejenigen erster Ordnung sollen
vom Staat, die der zweiten Ordnung je zur Hälfte vom Staat und von den
Gemeinden, die der dritten Ordnung allein von den Gemeinden gebaut
und unterhalten werden.

Landwirtschaft und Weinbau

Das Grundbuch und der Kataster werden eingeführt. Für die Bedürfnisse der Landwirtschaft läßt Napoleon Brücken und Kanäle bauen. Ein Aquädukt wird von Porto Ferraio nach Marciana Marina gezogen. Die Entwässerung der sumpfigen Lacona-Ebene südlich der Hauptstadt wird nicht nur zwecks Eindämmung der Moskito-Plage unternommen; hier soll, ebenso wie auf Pianosa, Weizen angebaut werden, um die einseitige Ernährung des Volkes, das fast ausschließlich von Polenta-Brei und Trockengemüse lebt, zu verbessern. Napoleon berechnet einen jährlichen Bedarf von 18 000 Sack Korn, aber die Erträge reichen nur für zehn Monate. Dieses „Getreide-Loch" ist freilich während Napoleons kurzen Aufenthalts (und bis heute) nicht ganz geschlossen worden. Der Kaiser versucht auch, den Anbau der Kartoffel, den sein Vater Carlo in Korsika eingeführt hatte, durchzusetzen. Aber die Elbaner mißtrauen dem fremden Gewächs, lehnen es hartnäckig ab und wissen es (wiederum bis heute) nicht zu schätzen.

Den Weinbau als zweitwichtigste Erwerbsquelle nächst dem Bergbau kann Napoleon um so nachhaltiger fördern. Die Ernte von 1813 war schlecht, aber die Menge wird es nun bringen: mit fast 33 Millionen Rebstöcken erreicht der elbanische Traubenbehang unter Napoleons Herrschaft den absoluten, auch später nie mehr erreichten Rekord. Die Öl-Ernte verdoppelt sich nahezu durch massive Anpflanzung von Olivenbäumen.

Die Ziegen, die er für schädlich hält, will Napoleon möglichst durch Rinder ersetzen. Um ein Beispiel zu geben, läßt er neben der Villa San Martino ein kleines Mustergut mit sechs Milchkühen und mehreren Kälbern einrichten.

Eine grüne Insel

Ebenso bemerkenswert sind die Leistungen für den Umweltschutz. Die Elbaner verabscheuen nahezu alles, was grün ist – sie lassen die Gemüsebeete und Wiesen verrotten und holzen erbarmungslos die Wälder ab. Napoleon aber, der die Bäume ebenso liebt wie das Wasser, bekämpft erfolgreich diesen Vandalismus. Aus Korsika läßt er Setzlinge von Kastanien, Eichen und Akazien importieren. Damit werden die erodierten Berghänge aufgeforstet. Um Schatten zu bringen und zugleich die Seidenraupenzucht zu fördern, werden Maulbeerbäume entlang den Straßen gepflanzt.

„Eine grüne Insel wie Irland", das ist Napoleons erklärtes Umweltprogramm. Das bäuerliche Jagdrecht beschränkt er, um das Wild zu schonen, auf die Zeit von Mitte August bis Ende Januar. Er läßt eine Baumschule anlegen und bedroht mit schweren Strafen jeden, der Brunnen oder Quellen verschmutzt. Aus der von ihm erschlossenen „Fonte Napoleone" im westlichen Bergland bezieht er selbst sein Tafelwasser – der Tourist kann sich heute noch diesen heilkräftigen Trunk kostenlos abzapfen.

Hygiene und Gesundheitswesen

Am Anfang und Ende aller zivilen und zivilisatorischen Leistungen stehen Volkshygiene und Sanitätswesen. Jene erste Nacht im Rathaus hat Napoleon eine Vorstellung davon gegeben, was hier im Argen liegt, und was dringlich zu tun ist. Bei seiner Ankunft besteht die Stadt Porto Ferraio schon 266 Jahre – binnen zwei Tagen erhält sie nun ihr erstes Abwässersystem. Napoleon läßt alsbald in allen Orten öffentliche Latrinen installieren, die täglich geleert werden müssen. Wo es solche noch nicht gibt, müssen eigens hierfür ausgeschickte Arbeiter mit Strohkörben die Exkremente regelmäßig aus den Häusern abholen. Die Abfälle – wer sie immer noch aus den Fenstern wirft oder schüttet, muß saftiges Bußgeld zahlen – werden zu bestimmten Müllplätzen am Ortsrand geschafft und dort verbrannt oder vergraben.

Jedem elbanischen Haushalt wird eine halbjährlich zu zahlende „Reinlichkeitssteuer" auferlegt. Die Steuer soll entfallen, wenn das betreffende Haus eine eigene Latrine aufweisen kann; ist die Latrine nach drei Monaten noch nicht vorhanden, so wird die Steuer verdoppelt. Die Ortsgendarmen haben darauf zu achten, daß an Brunnen und öffentlichen Wasserleitungen keine Wäsche gewaschen wird.

Eine scharfe Markt- und Lebensmittelkontrolle wird eingeführt. Hühner, Esel und Kühe dürfen (zumindest in der Hauptstadt) nicht mehr frei auf den Straßen herumlaufen. Jeder fliegende Händler bedarf einer Lizenz des zuständigen Bürgermeisters. Unverkaufte Eßwaren – Gemüse, Fische und Früchte – müssen vernichtet werden, bevor sie in der Hitze verderben. Für die per Schiff von Italien eingeführten Tiere und Waren wird nicht nur ein Zollamt, sondern auch eine medizinisch-chemische Untersuchungsstelle geschaffen, die notfalls Quarantäne verhängen kann. Sanitätsdirektor Beauregard persönlich ist hier als gelernter Veterinär der rechte Mann am rechten Platz.

Auch in den Dörfern, wo die Abwässer über die Wege fließen und nachts der Mond die einzige Lichtquelle ist, wird die bisher unbekannte Kanalisation und die Straßenbeleuchtung in Angriff genommen. Der Qualität des Trinkwassers, das auf dem Land in Zisternen gesammelt wird, gilt Napoleons besondere Aufmerksamkeit.

In kurzer Zeit gelingt es, die auf der Insel grassierenden Krankheiten – wie Skorbut, Wechselfieber, Durchfall, Typhus und Malaria – wirksam zu bekämpfen. Gleiches gilt für die verbreiteten „Lustseuchen". Die offene Straßenprostitution wird verboten, die Dirnen werden auf bestimmte Häuser und Viertel beschränkt – in Porto Ferraio auf eine Straße mit dem beziehungsreichen Namen „Via del buon gusto", die Straße des guten Geschmacks (heute Via Garibaldi). Das vorgefundene dürftige Garnison-Lazarett ersetzt Napoleon durch ein modernes Militärhospital, das auch der Zivilbevölkerung zur Verfügung steht, bis für sie zwei neue Krankenhäuser fertiggestellt sein werden – wozu es allerdings nicht mehr gekommen ist.

Die Volkserziehung

Neun Zehntel der Elbaner sind Analphabeten – ein Prozentsatz, der wegen der Abgeschlossenheit der Insel noch höher liegt als auf dem toskanischen Festland. Napoleon dekretiert die allgemeine Schulpflicht, aber sie bleibt weitgehend auf dem Verordnungspapier stehen – die Zeit reicht nicht aus, um die wenigen vorhandenen Lehrer fortzubilden oder neue Lehrer zu gewinnen. Auch die Hoffnung, daß die kleine Kadettenanstalt sich zum Kristallisationspunkt einer Akademie der weiterführenden Bildung entwickelt, kann sich in zehn Monaten nicht erfüllen.

Hingegen schafft Napoleon eine Anzahl von Lehrstellen für Steinmetze und Bildhauer. Er läßt Fachleute von Carrara kommen, die Plastiken und Statuen herstellen – vor allem natürlich Napoleon-Büsten, die reißenden Absatz auch in Italien finden. Mancher junger Elbaner lernt hier einen neuen Beruf.

Polizei und Verbrechensbekämpfung

Die Arbeit der Polizei kann sich ebenfalls sehen lassen. Diebstähle und Brandstiftungen gehen zurück, denn die Sicherheitsbeamten patrouillieren regelmäßig, und die elbanischen Nächte sind durch Laternen heller geworden. Der Straßenraub verschwindet aus der Kriminalstatistik, und selbst die „vendetta trasversa", die sippenübergreifende Blutrache, wird seltener ausgeübt, weil das Risiko der Entdeckung und Bestrafung größer geworden ist.

In den Häfen, wo früher jeder Fremde beliebig an Land gehen konnte, übt die Polizei nun eine genaue Zugangs- und Einwanderungskontrolle aus. Neuankömmlinge müssen sich ausweisen, ihr Reiseziel angeben, Geldmittel vorzeigen und gegebenenfalls Kaution hinterlegen. Andererseits fördert Napoleon die Freizügigkeit der Elbaner selbst, die früher kaum je ihre Insel verließen. Für zwei Franc kann sich jeder Elbaner einen Reisepaß beim Ortsbürgermeister ausstellen lassen und fahren, wohin er will.

Handel und Verkehr

Das Bild eines derart geordneten Staatswesens in allen Erscheinungs-
formen lockt bald auch den ausländischen Handel. Piraten-Überfälle, die
in der Vergangenheit so zahlreich waren, gibt es nicht mehr. Die elbanische Flagge wird auf dem Mittelmeer respektiert – nicht nur von den
Europäern, sondern auch vom türkischen Sultan und von den algerischen
Korsaren. Der Warenaustausch belebt sich zu günstigen Preisen. Schiffe
aus vieler Herren Länder laufen die Häfen von Porto Ferraio und Porto
Azzurro an. Es gibt Waren zu kaufen, die man nie zuvor auf Elba gesehen
hat. Italienische Banken gewähren dem jungen Staat bereitwillig Kredite.

Cum grano salis – selbst die Anfänge des elbanischen Tourismus gehen
auf Napoleon zurück. Es kommen viele ausländische Kauffahrer, Offiziere und Privatiers, die neugierig darauf sind, den großen Mann in
seinem Exil zu sehen. Napoleon macht es ihnen leicht, denn bewundern
läßt er sich stets mit Vergnügen. Er empfängt viele Besucher, lädt sie an
seine Tafel, zeigt ihnen seine Errungenschaften und hofft, daß sie seine
Sentenzen gezielt in Europa verbreiten. So lassen auch diese Fremden
einiges Geld auf der Insel. Sie kaufen serienweise Marmorstücke und
Granitsteine als Souvenirs und frequentieren die schlichten Herbergen
der Insel.

Nochmals – die Finanzen

Trotzdem erhebt sich natürlich die Frage, wie denn Napoleon dieses
gewaltige Reformprogramm finanzieren konnte. Die Antwort ist ebenso
simpel wie unbefriedigend. Er mußte Löcher aufreißen, um andere
Löcher zu stopfen. Spätestens nach Ablauf des ersten Halbjahrs im
November 1814 sah er ein, daß er seine französische Staatsrente in den
Mond schreiben konnte. So griff er notgedrungen seine privaten Reserven
an – und erkannte, daß sie bald erschöpft sein würden, wenn sich der
Aufschwung nicht (wie man heute sagt) „selbst tragen" könnte. Aber die
Steuern der Elbaner gingen nur schleppend ein. Vorübergehend trat die
Gemeinde Capoliveri sogar in kollektiven Steuerstreik, und General
Drouot mußte die Garde einsetzen, um die aufsässigen Weinbauern zur
Räson zu bringen.

Napoleons Mutter Letizia, die im Sommer nach Elba kam und die Villa
Mulini bezog, stellte ihm einige Ersparnisse zur Verfügung. Etwas weiter
reichte der Betrag von 300 000 Franc, den Napoleon seiner munteren
Lieblingsschwester Pauline verdankte; sie langte im November an, um
ihn, wie sie sich vorgenommen hatte, im Exil „aufzuheitern". Den Erlös
aus dem Verkauf eines schönen Brillianten-Kolliers gab sie uneigennützig
dem großen Bruder.

Napoleon wußte auch geschickt die Eitelkeiten der elbanischen Haute volée auszubeuten. Den Eintritt zu Tanzfesten und zu einem Pferderennen zu seinem 45. Geburtstag am 15. August ließ er sich kräftig bezahlen. Bei den Steh-Empfängen durften nur billigste Erfrischungen und kein Eis gereicht werden. In einer aufgegebenen Franziskanerkirche richtete Napoleon ein öffentliches Theater ein, und die Logenplätze verkaufte er an die Meistbietenden, die dann sofort unter dem Namen „Accademia dei Fortunati" (Akademie der Begünstigten) einen exklusiven privaten Theaterverein gründeten. Die menschlichen Schwächen waren dem Kaiser aus seiner imperialen Zeit wohlbekannt...

Eine Salzsteuer nach dem Muster der altfranzösischen „Gabelle" sowie die Erlöse aus den Minen und dem Thunfischfang brachten weitere Einkünfte – jedoch, im Ergebnis und im Verhältnis zu den Ausgaben war dies alles kaum mehr als der Tropfen auf den heißen Stein.

Intimes Zwischenspiel

Von Napoleons Intimleben auf Elba ist mehr bekannt geworden als von seinen dortigen staatsmännischen Leistungen; daher können wir uns, was jenes betrifft, kurz fassen. Anfang September besuchte ihn seine (von Eingeweihten so genannte) „polnische Gemahlin", die Gräfin Maria Walewska. Napoleon hatte sie 1807 in Warschau kennengelernt und mit ihr einige stürmische Wochen auf Schloß Finckenstein in Ostpreußen verbracht, sie auch mehrfach für kürzere Zeit nach Paris kommen lassen. Mit ihr, dem gemeinsamen Söhnchen Alexander und kleinstem Gefolge zog er sich zurück in die abgeschiedene Eremitage Madonna del Monte, oberhalb von Marciana Alta am Hang des Monte Giove gelegen. Unweit dieser Einsiedelei befand sich auch die heute noch gezeigte „Sedia Napoleone" – ein Felsklotz, auf dem Napoleon oft gesessen, nach Korsika hinübergeblickt und von der Vergangenheit wie auch wohl von der Zukunft geträumt hat.

Zwei Tage und Nächte dauerte die bukolische Idylle unter strengster Geheimhaltung. Man spielte und scherzte, der kleine Alexander ritt auf den Schultern von „Papa Empereur", und die anderweitig verheiratete Gräfin wäre gern für immer geblieben, aber die Romanze endete jählings. Da auf der kleinen Insel nichts verborgen blieb außer der Wahrheit, meldete sich der Bürgermeister von Marciana an mit der erklärten Absicht, „Ihrer Majestät der Kaiserin Marie Louise" seine Aufwartung machen zu wollen. Der biedere Dorfschulze war davon überzeugt – und dieses Gerücht verbreitete sich blitzartig – daß die schöne geheimnisvolle Fremde niemand anders sein könnte als eben Napoleons Ehefrau, deren Ankunft man immer noch vergeblich erwartete.

Diese Desinformation erschien dem Kaiser derart peinlich und kompromittierend, daß er Maria Walewska Hals über Kopf nach Porto Longone schickte, wo sie sich trotz eines gefährlichen Sturms sofort zur Rückfahrt nach Italien einschiffen mußte. Nach dem Tode ihres Mannes schloß sie eine zweite Ehe mit dem Grafen Ornano, starb aber schon 1817 in Paris, ohne Napoleon noch einmal wiedergesehen zu haben; der damals Verbannte auf St. Helena hat nicht einmal von ihrem Tode erfahren. Der gemeinsame Sohn Alexander trat später in den diplomatischen Dienst Frankreichs ein. Unter Napoleon III. wurde er Botschafter in England und dann französischer Außenminister – in Aussehen, Stimme und Habitus soll er seinem Vater sehr ähnlich gewesen sein.

VII. Abschied von Elba

Der Vertrag von Fontainebleau steht, wie am Anfang, so auch am Ende der elbanischen Zeit Napoleons – aber diesmal nicht seine Existenz als solche, sondern seine flagrante Verletzung.

Der mehrfach gebrochene Vertrag

Die Bourbonen zahlen, wie mehrfach erwähnt, die von ihnen geschuldete Rente nicht. Die alliierten Garantiemächte dulden dies nicht nur, sondern sie sind von heimlicher Genugtuung erfüllt. Damit wird der elbanische Staatsbankrott absehbar, es sei denn, die ungeheuren Fixkosten für Napoleons stehende Armee könnten drastisch gesenkt werden. Aber das erscheint unmöglich, denn immer mehr verdichten sich die Gerüchte, daß der Wiener Kongreß den Kaiser nicht auf Elba belassen, sondern ein weiter entferntes Exil für ihn beschließen würde. So muß also ständig ein Zehntel der Staatsbevölkerung unter Waffen bleiben (ähnlich wie später unter Marschall Tschiangkaischek auf Formosa-Taiwan, aber Elba ist ja viel kleiner und hat weniger natürliche Ressourcen als jene fernöstliche Insel).

Weitere Vertragsverletzungen bestehen darin, daß auch den Geschwistern Napoleons die ihnen zur Gesamthand versprochene Jahresrente von zweieinhalb Millionen Franc verweigert wird, daß sie sogar enteignet und ihrer Titel beraubt werden; daß weiterhin Schwester Pauline nicht einmal die ihr zustehenden Renten-Einkünfte ihres früheren oberitalienischen Mini-Fürstentums Guastalla erhält; daß endlich Napoleons Gattin Marie Louise von ihrem österreichischen Kaiservater und von Metternich daran gehindert wird, ihrem Mann nach Elba zu folgen (bald freilich macht sie aus dem Zwang eine Untugend, indem sie sich dem schneidigen Reitergeneral Graf Neipperg als neuem Liebhaber zuwendet). Gerade diese Unterlassungen und Verbote treffen Napoleon tief, denn als typischer Korse ist er immer ein „Mann der Familie" gewesen.

Auf Elba erfährt man, daß Louis XVIII. seinem korsischen Militärgouverneur General Bruslart die Weisung erteilt hat, „Bonaparte mit allen Mitteln und um jeden Preis loszuwerden". Damit ist eine französische Invasion der Insel konkret zu befürchten. Allen Franzosen, die ihrem früheren Kaiser auf Elba dienen, wird die französische Staatsbürgerschaft aberkannt – was nicht dem Buchstaben, aber gewiß dem Geist des Vertrages von Fontainebleau widerspricht; ehrenhafter wäre es jedenfalls gewesen, diesen Männern ihr französisches Bürgerrecht neben der neuen elbanischen Staatsangehörigkeit zu belassen.

Und schlimmer noch, die elbanische Polizei greift mehrfach verdächtige Subjekte auf, denen der Plan zur Last gelegt wird, Napoleon im Sold und Auftrag der Bourbonen zu ermorden. Da ihnen mit letzter Sicherheit nichts nachzuweisen ist, muß man sie wieder laufen lassen und sich mit ihrer Ausweisung begnügen.

Hätte es damals schon einen Weltgerichtshof gegeben, so würde Napoleon jeglichen Prozeß gegen seine Vertragspartner gewonnen haben – aber genützt hätte ihm das wohl auch nichts. So entschließt er sich, da seine Zukunft und Sicherheit ernsthaft gefährdet ist, logischerweise zum Rücktritt von einem Vertrag, den die Kontrahenten der anderen Seite nicht erfüllen wollen. Spätestens im November 1814, wenn nicht schon früher, hat er diese Entscheidung getroffen.

Die Stimmung in Frankreich

Aber nicht nur das Völkerrecht streitet für Napoleon, sondern auch die „volonté générale" der Franzosen fordert ihn zur Rückkehr auf. Die Stimmung des Volkes schlägt um, das Mißvergnügen über die reaktionäre Mißregierung der Bourbonen breitet sich aus. Noch stehen in Frankreich eine halbe Million Männer unter Waffen, die den herrlichen Zeiten ihres Kaisers nachtrauern. Viele Offiziere sind auf halben Sold gesetzt worden; diese „Demi-Soldes" sind es vor allem, die den dicken Louis XVIII. als „Roi Cotillon" verspotten und dem „Weiberkönig" nicht dienen wollen.

In Paris trägt man mehr oder minder offen kaiserlich-rotes Seidentuch unter der Weste. Treffen sich drei Leute im Wirtshaus, so bestellen sie ein viertes Glas Wein „für den Kaiser". Und in den Salons gehen grimmige Scherzfragen um wie etwa diese: „Lieben Sie das Veilchen?" – „Ja, es wird im Frühling zurückkommen"; oder auch, an der Grenze der Blasphemie: „Glauben Sie an Jesus Christus?„ – „Ja, und an die Auferstehung."

Die Stimmung auf Elba

In diese vorgefundenen Kerben schlägt Napoleon auf seiner Insel nur einmal, als er einen Grenadier ins Gespräch nimmt: „Na, Brummbär, langweilst Du dich?" – „Das nicht gerade, Majestät, aber es gab schon interessantere Zeiten"; – „Sie werden wiederkommen, mein Alter!"

Das Verhalten der Garde gibt dem Kaiser ein zusätzliches Motiv, die Insel mit ihr zu verlassen. Die „Grognards" langweilen sich in der Tat. Ahnungsvoll hatte Napoleon sie im Tagesbefehl bei ihrer Ankunft gebeten: „Lebt in Harmonie mit den Elbanern, sie sind im Herzen Franzosen wie Ihr!" Solche Harmonie dauerte nicht lange. Das ewige Wachestehen, der unsoldatische Arbeitsdienst beim Straßenbau, der Drill ohne erkennbaren Zweck – das alles macht die Gardisten mißmutig. Es kommt zu Disziplinlosigkeiten und zu Übergriffen gegen Zivilisten, die sich heftig beschweren. Einige Soldaten desertieren sogar. Die Garde sehnt sich nach neuem militärischem Einsatz, und die Elbaner sähen die Garde gern verschwinden.

Getarnte Vorbereitungen

Ansonsten aber tarnt der Kaiser seine Absichten perfekt. Mit gespielter Heiterkeit versichert er allen, die es hören oder auch nicht hören wollen, er habe sich endgültig zur Ruhe gesetzt, wolle sich nur noch um sein ländliches Leben kümmern und das Glück seiner Untertanen fördern. Seinem offiziellen Aufpasser Colonel Campbell sagt er sogar: „Ich bin für Europa ein toter Mann, und das werde ich auch bleiben." Während er, von Schwester Pauline aktiv unterstützt, die Elbaner und fremde Gäste in der Wintersaison mit einer Flut von Bällen, Schauspielen und Empfängen überschüttet, plant er hinter diesem gesellschaftlichen Schleier die Wiedergewinnung der französischen Rheingrenze, die Rückeroberung von Belgien und Holland, um auf diesen unverzichtbaren geographischen Errungenschaften der Revolution ein neues Volkskaisertum zu begründen.

Die praktisch-technischen Vorbereitungen für die Überfahrt nach Frankreich hält Napoleon bis zum letzten Augenblick geheim. Es dauert neun Tage, bis seine „Kriegsflotte" segelfertig gemacht ist. Aufbauten und Anstrich der Brigg „Inconstant" werden so verändert, daß sie wie eine englische Korvette aussieht. Als Napoleon erfährt, daß Colonel Campbell sich für eine Woche zum Besuch seiner italienischen Mätresse nach Florenz begeben will, packt er die willkommene Gelegenheit beim Schopf.

Am Abend des 25. Februar 1815 teilt er seiner Mutter mit, daß er am nächsten Tag nach Frankreich zurückkehren wolle. Madame Letizia antwortet, was eine korsische Mutter wohl sagen muß: „Gehen Sie, mein Sohn, und folgen Sie Ihrem Stern. Es kann nicht Gottes Wille sein, daß Sie Ihr Leben auf dieser kleinen Insel beschließen." Sie ahnt nicht, daß der Sohn sieben Jahre später auf einer noch kleineren Insel als Staatsgefangener sterben wird.

Rückkehr nach Frankreich

Der nächste Tag ist ein Sonntag, und nun erst verkündet der Kaiser bei der Morgen-Audienz den Chefbeamten, Stabsoffizieren und Honoratioren, daß er am Abend die Insel verlassen wird. Aber wieder bleibt nichts verborgen außer der Wahrheit – nicht einmal die Generäle Bertrand, Drouot und Cambronne wissen, wohin es gehen soll. Man spekuliert, ob vielleicht eine Landung in Italien geplant sei. Am Nachmittag wird der größte Teil des Heeres blitzartig zum Hafen von Porto Ferraio kommandiert: die 600 Gardisten, die 120 Ulanen – mit Sätteln, aber ohne Pferde – und 300 Mann der elbanischen Nationalgarde. Insgesamt werden 1150 Personen auf sieben kleine Schiffe verteilt. Bei hellem Mondlicht sticht die Flottille in See.

Zugleich wird Napoleons letzte Proklamation an die Elbaner verbreitet, in der es ebenso zutreffend wie prophetisch heißt: „Ich habe Euch Frieden gebracht. Ich hinterlasse Euch Wohlstand, eine saubere schöne Stadt und blühende Dörfer. Ich hinterlasse Euch meine Straßen und meine Bäume. Zumindest Eure Kinder werden mir dankbar sein."

Unterwegs kommt es zu gefährlichen Fast-Begegnungen mit einem britischen und einem französischen Kriegsschiff, aber man scheint dort zu schlafen und nichts zu bemerken. Am 1. März kommt die französische Küste mit Cap d'Antibes in Sicht. Da geht auf dem Hauptmast der „Inconstant" die blau-weiß-rote Trikolore hoch, Napoleon entfernt die elbanische Kokarde von seinem Hut – endlich erfahren es alle, daß der Kaiser wieder nach Paris marschieren will, und von Schiff zu Schiff hallt der Jubelruf: „Vive l'Empereur!"

So beginnt der Kampf von tausend Männern gegen ganz Europa, der Siegeszug des Adlers, der sich nach drei Wochen „auf den Türmen von Notre Dame niederlassen" wird. Und die französische Presse, die zunächst berichtet: „Das korsische Ungeheuer hat seine Höhle auf Elba verlassen", meldet alsdann: „Der Kaiser in Paris!"

Napoleon hinterließ sein Fürstentum in der Obhut des Domänendirektors Lapi. Er ernannte ihn zum Brigadegeneral „ad interim" und unterstellte ihm die Verwaltung sowie den zurückgebliebenen spärlichen Rest der Truppen. Lapi hat sich tapfer geweigert, die Insel dem französischen General Bruslart zu übergeben. Aber drei Monate später mußte er vor dem toskanischen Großherzog Ferdinand kapitulieren. So wurde Elba erneut ein Teil der Toskana und ging Jahrzehnte später mit diesem Land im italienischen Einheitsstaat auf.

VIII. Im Zwielicht der Geschichte

Am Ende des Zuges der Tausend aber und am Ende der Hundert Tage steht Waterloo, steht der endgültige Sturz des Empire und seines Schöpfers.

Es ist in den letzten Jahren von Historikern viel darüber spekuliert worden, ob die Alliierten nicht bewußt Napoleon eine Falle gestellt haben, um ihn dann mit dem Anschein des Rechts um so sicherer vernichten zu können. Dafür könnte in der Tat einiges sprechen: die unglaubliche Schlafmützigkeit der französischen und englischen Kriegsschiffe, die sonst wachsam die Insel Elba umkreisten; die unbegreifliche (vielleicht aber gezielte) Sorglosigkeit des Colonel Campbell, der für seine Dienstpflichtverletzung (wenn es denn eine war), nicht vor ein Kriegsgericht gestellt, sondern gar befördert wurde; die phlegmatische Reaktion des Bourbonenkönigs, als er von Napoleons Landung erfuhr: „Das ist Sache des Kriegsministers"; und endlich die Tatsache, daß der alte Fuchs Talleyrand noch während der Hundert Tage ohne ersichtlichen Grund ein riesiges Geldgeschenk vom englischen Hof erhielt.

Wir wissen es nicht und werden die Wahrheit wohl nie erfahren. Denn wer sie etwa kannte, der hat sie in seinen Memoiren mit Bedacht verschwiegen. Ich zweifele, ob sie von geschichtlicher Bedeutung ist. Was wir heute und immer wieder staunend betrachten können, ist nur ein Bruchstück napoleonischen Lebens und Wirkens, aber ein unveränderliches Zeugnis von der Größe eines Menschen, der sich auf kleinstem Raum als Staatsmann bewährt und die Lächerlichkeit zum Verstummen gebracht hat.

„Ubicumque felix Napoleo?" In einem tieferen Sinne muß das richtig sein – überall, so auch auf Elba, ist dieser Mann im Einklang mit seinem Schicksal und seiner Prägung, mit seinem Genius, der die Grenzen des Ruhmes fast über menschliches Maß hinaus erweitert hat.

Die Einwirkung Napoleons auf Elba war zweifellos größer als der Einfluß, den Elba etwa auf ihn ausgeübt hat. Auf St. Helena hat der gestürzte Kaiser nur wenig über die Insel gesagt und schreiben lassen. Dies waren zudem durchweg Widersprüchlichkeiten: einmal, daß er sich dort wohlgefühlt habe und nur durch den Vertragsbruch der europäischen Mächte zur Rückkehr nach Frankreich gezwungen worden sei – und dann wieder, er habe schon bei der Abreise von Fontainebleau insgeheim die

Neuerrichtung des Kaiserreichs geplant. Auch dieses Rätsel müssen wir so stehenlassen, wie wir es vorfinden.

Nur zehn Monate während ihrer jahrtausendelangen Geschichte, als Miniatur-Empire unter Napoleon, ist die Insel Elba ein selbständiger Staat gewesen.

Es ist nicht vorstellbar, daß sich eine solche Epoche je wiederholt. Sie wird einmalig bleiben.

Literatur

In der Fülle der Napoleonica nimmt die spezielle Elba-Literatur nur einen spärlichen Platz ein, der vorzugsweise von italienischen, englischen und französischen Autoren – in dieser Reihenfolge – besetzt wird. Die wichtigsten dieser Publikationen sind nachfolgend genannt. In den bekannteren Napoleon-Biographien wird die elbanische Periode meist auf wenigen Seiten abgehandelt, wenn nicht fast völlig übergangen. Das Verzeichnis beschränkt sich insoweit auf Bücher, in denen Napoleons staatsmännische Leistungen für das „Fürstentum Elba" und dessen Rechtslage zumindest ansatzweise hervorgehoben werden. Einige lesenswerte Bücher über Familienangehörige und Zeitgenossen Napoleons, die auf oder für Elba eine Rolle spielten, sind ebenfalls verzeichnet.

Amelunxen, Die Kleinstaaten Europas. Hamburg 1964.
Amelunxen, Inselfahrten eines Richters. Hamburg 1970.
Amelunxen, König und Senator. Jerome und Lucien, zwei Brüder Napoleons. Hamburg 1980.
Amelunxen, Napoleon auf St. Helena. Privatdruck o.J.
Amelunxen, Carlo Buonaparte – Vater Napoleons. Köln 1984.
Augustin, Madame Mère. Paris 1939.
Bainville, Napoleon. München 1950.
Bartel, Napoléon à l'Ile d'Elbe. Paris 1947.
Bartlett, A book about Elba. London 1972.
Christophe, Napoléon, Empereur de l'Ile d'Elbe. Paris 1959.
Cronin, Napoleon. Hamburg/Düsseldorf 1973.
Dixon, Pauline, Napoleon's favourite sister. London 1964.
Durant, Die napoleonische Ära. Frankfurt/Berlin/Wien 1982.
Foresi, Napoleone I. all'Isola d'Elba. Florenz 1884.
Giachetti, I Giorni dell'Elba. Mailand 1933.
Godlewski, Trois cents jours d'exile. Paris 1961.
Gruyer, Napoléon à l'Ile d'Elbe. Paris 1906.
Holm, Veilchen für Napoleon. Bergisch Gladbach 1983.
Livi, Napoleone all'Isola d'Elba. Mailand 1888.
Masson, Napoléon et sa famille. 13 Bde. Paris 1930.
Mereschkowsky, Napoleon. München/Zürich 1974.
Orieux, Talleyrand ou le sphinx incompris. Paris 1970.
Paoli, Napoleone I. all'Elba. Catania 1928.
Pelissier, Registre de l'Ile d'Elbe, lettres et ordres inédits de Napoléon. Paris 1897.
Pons de l'Hérault, Souvenirs et anecdotes de l'Ile d'Elbe. Paris 1897.
Presser, Napoleon. Das Leben und die Legende. Stuttgart 1977.
Sieburg, Napoleon. München o.J.
Stacton, Die Bonapartes. Wien/Hamburg 1968.
Stirling, Madame Mère Letitizia, Mutter Napoleons. Tübingen 1963.
Sutherland, Maria Waleswka. München 1981.

Tulard, Napoleon oder der Mythos des Retters. Tübingen 1979.
Vivian, Minutes of a conversation with Napoleon Bonaparte during his residence at Elba. London 1839.
Wertheimer, Die Verbannten des Ersten Kaiserreichs. Leipzig 1897.
Wolff, The Island Empire, or the scenes of the first exile of the Emperor Napoleon I. London 1855.